公共管理理论与城市公共服务研究

田　新◎著

吉林大学出版社
·长春·

图书在版编目（CIP）数据

公共管理理论与城市公共服务研究 / 田新著 . -- 长春 : 吉林大学出版社 , 2024.4

ISBN 978-7-5768-3111-5

Ⅰ . ①公… Ⅱ . ①田… Ⅲ . ①公共管理 - 研究 - 中国 ②城市 - 公共服务 - 研究 - 中国 Ⅳ . ① D63 ② D669.3

中国国家版本馆 CIP 数据核字 (2024) 第 073125 号

书　　名　公共管理理论与城市公共服务研究
　　　　　GONGGONG GUANLI LILUN YU CHENGSHI GONGGONG FUWU YANJIU
作　　者　田　新　著
策划编辑　殷丽爽
责任编辑　殷丽爽
责任校对　李适存
装帧设计　张秋艳
出版发行　吉林大学出版社
社　　址　长春市人民大街 4059 号
邮政编码　130021
发行电话　0431-89580036/58
网　　址　http://www.jlup.com.cn
电子邮箱　jldxcbs@sina.com
印　　刷　天津和萱印刷有限公司
开　　本　787mm × 1092mm　1/16
印　　张　12.25
字　　数　220 千字
版　　次　2025 年 6 月　第 1 版
印　　次　2025 年 6 月　第 1 次
书　　号　ISBN 978-7-5768-3111-5
定　　价　72.00 元

前　言

公共服务管理是21世纪公共行政和政府改革的核心，它包括加强城市基础设施建设，为人们的日常生活需要提供服务；发展教育、体育、科技、文化、卫生等公共事业，在城市化进程中更好地服务于人民群众；应对和解决社会发展过程中产生的各种安全事件，做好安全应急事故的公共服务管理，为社会公众参与社会经济、政治、文化活动等提供保障，帮助人民群众实现安居乐业，降低意外事故和灾害带来的社会经济乃至生命损失；在政府的管理服务下，不断促进公共教育和公共体育事业的发展，保障人民群众强身健体、追求终身学习，既拥有强健的体魄，又拥有与时代发展相适应的知识及精神。公共服务以合作为基础，强调政府的服务性及管理性功能，强调公民的权利。随着中国城市改革的不断深入和市场经济的快速发展，各种社会矛盾、社会问题日益增多，人们对教育、体育、文化、卫生、安全等方面的需求日益增加，如何适应新形势新要求，提升城市公共服务管理水平，加强城市公共服务管理职能，满足人民群众日益增长的物质文化需求，已成为各级政府共同面临的一项重大课题。

本书第一章为公共管理概述，分别介绍了公共管理的发展历程、公共管理的主体、公共管理的内容、公共管理的特点四个方面的内容；本书第二章为城市基础设施服务管理，主要介绍了三个方面的内容，依次是城市基础设施服务管理的基本认识、城市基础设施服务管理存在的问题、城市基础设施服务管理的优化路径；本书第三章为城市教育服务管理，分别介绍了三个方面的内容，依次是城市教育服务管理的基本认识、城市教育服务管理存在的问题、城市教育服务管理的优化路径；本书第四章为城市安全应急服务管理，依次介绍了突发自然灾害应急服务管理、突发公共卫生事件应急服务管理、突发社会安全事件应急服务管理、突发事故灾害应急服务管理四个方面的内容；本书第五章为城市公共体育服务管理，主要介绍了三个方面的内容，分别是城市公共体育服务文化管理、城市公共体育服务设施管理、城市公共体育服务赛事管理。

在撰写本书的过程中，作者得到了许多专家学者的帮助和指导，参考了大量的学术文献，在此表示真诚的感谢！

限于作者水平有不足，加之时间仓促，书中难免存在一些疏漏，在此，恳请同行专家和读者朋友批评指正！

作者

2023 年 10 月

目　录

第一章　公共管理概述

本章为公共管理概述，主要从四个方面对公共管理的相关内容进行了介绍，分别为：公共管理的发展历程、公共管理的主体、公共管理的内容和公共管理的特点。

第一节　公共管理的发展历程

公共管理的发展时间不算很长，在这百余年的时间里，人们对公共管理的发展充满了憧憬，同时也对其进行了批判。公共管理先后经历了三个发展时期，分别为：传统公共行政时期、新公共行政时期及新公共管理时期。

一、传统公共行政时期

传统的公共行政学的思想于 19 世纪末 20 世纪初奠定，成形于 20 世纪 20 年代到 30 年代间，此后一直到 20 世纪 60 年代都占据着主导地位。

（一）传统公共行政思想的内容

威尔逊和马克斯·韦伯等人为西方公共行政的思想奠定了基础。西方公共行政思想的主要内容如下：

（1）实行非政治化的文官制度，将政治和行政分开进行；

（2）采用官僚体制的模式，强调层级制，要求遵守各项规章制度；

（3）实行公务员终身受雇制度，并且格外重视政府组织的稳定；

（4）在人事管理上采取文官制度作为最基本的制度；

（5）采取外部规章制度来控制文官；

（6）要求结果的公平。

总而言之，西方传统公共行政的理论基础是政治行政二分法和官僚制，其研究领域是正式的政府组织结构，从具体的事情出发，目标为提高行政工作的效率。

（二）传统公共行政思想的缺陷

早期相关学者对早期公共行政学进行研究后得出的理论成就形成了传统公共行政思想，但传统公共行政思想也存在一定的缺陷，具体如下：

（1）学者对早期公共行政学进行研究时，采取的是形式主义的研究方法或是静态的研究方法，非常注重分析官僚体制的内容，而忽视了非正式组织及行政管理过程方面；

（2）传统公共行政思想将政治和行政分开进行，没有注意到政治因素对行政过程的影响；

（3）传统公共行政思想将多样化的行政活动总结为各种原理和原则，一味推崇行政的效率，而忽视了其中的价值因素（如公平标准）。

二、新公共行政时期

（一）新公共行政的产生

20 世纪 40 年代至 60 年代，人们开始对传统公共行政思想进行批判，并在这个过程中对行政产生了新的想法和观念。新的公共行政思想就是在此时产生的，其诞生标志为第一次明诺布鲁克会议（1968 年），一直持续到 20 世纪 90 年代早期的重塑政府运动。

（二）新公共行政思想的主要观点

1. 重构公共行政的价值基础

传统公共行政思想格外重视效率、经济目的及管理行为，强调要保持三者的协调发展，而这种协调往往是以牺牲社会公平为代价才能得以实现的。新公共行政思想主张不再坚持“价值中立”的观念，认为公共行政的根本目的和核心价值为实现社会的正义及社会的公平。新公共行政的任务是从制度、功能、效果等方面对影响社会公平的政策和政府行政管理体制进行改革，从此我们可以看出，社会公平既是公共行政的基础准则，也是对公共行政进行改革的价值取向。

2. 倡导行政与政治的关联性

新公共行政思想主张，公共行政的基本价值准则是增进社会的公平，所以公共行政不能脱离社会的政治现实来进行，而要关注社会中人们之间存在的矛盾和冲突；行政人员要带着强烈的社会责任感，秉持伦理精神，通过自己掌握的有关知识和技能来分析、制定与社会、政治密切相关的公共政策。与此同时，文官具有诸项优势，如具备专业知识、拥有一定的任期及人数规模等，因此他们能够在很大程度上影响甚至支配政务官做出的相关决策。

3. 主张构建新型的政府组织形态

在传统公共行政中，传统的官僚制组织具有非常稳定的结构，使得政府与社会公众之间的距离越来越大。而新公共行政思想则没有再将政府的内部行政管理放到首位，而是将其置于次要地位，采用行政生态学的视角来分解行政现象及认识组织运作的过程，并且通过分配、整合、边际交换和社会情感等过程来对公共组织进行重构，以此来实现社会公平的目标。

4. 主张突出政府行政管理的“公共”性质

新公共行政思想主张，公共指的是民众的公共利益，因此政府必须秉持公共目的来承担相应的公共义务与公共责任。

5. 主张民主行政

新公共行政思想主张要尊重人民主权及人民的意愿，反对行政过程中的权力滥用和行政无能，力图实现社会正义和社会公平。因此，新公共行政思想将公共意愿和公共利益作为价值指导，以社会公众为中心，建立各种政府组织及推行各项公共政策，主张要引导民众参与并公开各项信息。

（三）新公共行政思想的缺陷

（1）民主、人道主义及资本主义这三者相互联系的价值观存在着非常难以调和的冲突。

（2）新公共行政思想没有对社会公平给出明确的定义。

（3）执行新公共行政模型需要建立在更广泛的制度改革上，但是新公共行政思想的理论并不连贯和系统，无法从根本上取代传统公共行政思想。

三、新公共管理时期

（一）新公共管理的产生

进入 20 世纪 70 年代，尤其是到了 80 年代之后，整个世界发生了巨大的变化，而西方社会此阶段的特征为：技术迅速改革创新，出现了非常多的新技术和新发明；技术对经济和社会产生了巨大的影响，尤其是信息技术的发展和应用对人类社会产生了深刻的影响，并带来了巨大的改变；呈现出越来越强的经济全球化的趋势。随着时代的发展和变化，政府必须灵活高效地进行调整，提高应变能力，使更多公众参与到公共管理的过程中。

（二）新公共管理思想的主要内容

奥斯本和盖布勒是新公共管理思想中最具有代表性的人物，他们的代表作是《改革政府》。在这本书中，奥斯本和盖布勒提出了一系列的与新公共管理有关的概念，如政府再造和绩效管理等，这些概念后来成了组成公共管理理论的内容。新公共管理思想的主要内容如下：

1. 公共管理或公共服务的社会化

在先前的公共行政模式中，政府将与社会管理和公共服务有关的内容和活动进行了垄断。而在新公共管理思想中，则主张将那些社会能够承担的社会管理和公共服务活动交给社会进行，让社会能够进行自我管理。

2. 提出把竞争机制引入到政府中

新公共管理思想主张要打破政府长期垄断公共管理的局面，将竞争机制引入到政府内部中，使政府与社会进行公平的管理竞争。

（三）新公共管理思想的缺陷

新公共管理理论目前仍处于发展过程中，尚未形成系统、连贯的理论框架，并且在实践时也面临很多问题，如“经济人”的假设，顾客至上、绩效管理等产生的理论及实践上的问题等。

第二节　公共管理的主体

公共管理的主体也就是指公共管理者。目前，中国公共管理的主体是由中国共产党、中国政府、中国社会组织与中国民众共同组成的，其中中国共产党担任着领导主体的角色，各级中国政府担任着责任主体的角色，各种社会组织担任着协同主体的角色，而民众则担任着参与主体的角色。

一、中国共产党是公共管理的领导主体

（一）中国共产党的领导地位

在公共管理中，中国共产党居于领导地位，这是由我国的国家性质决定的，并且也经过了历史经验的证明。中国共产党的领导能够保证我国公共管理的社会主义性质及发展方向。

（二）中国共产党的领导方式

中国共产党领导公共管理的主要方式是领导政治、思想与组织的事务管理。党在公共管理中具有领导核心的作用，要总揽全局、协调各方，运用正确的纲领及政策，将党的领导原则贯彻于所有的公共事务管理过程中。因为党制定的方针是在整个社会中实施的，所以必须通过国家权力机关将党的方针上升为国家意志，在这一过程也就意味着人民在行使自己所具有的权力。

二、政府是公共管理的责任主体

（一）政府的承担地位

作为行政机关，政府是由中央和地方行政机关共同组成的，发挥着行使国家权力、管理公共事务的作用。政府是介于国家和公民之间的一座桥梁，其拥有比

其他公共服务部门、市场微观主体及公民社团更高的公共权力，所以政府在公共管理中所处的地位是解决公共事务的主要承担者。

（二）政府对公共事务的责任

政府对公共事务的责任分为政治责任和管理责任两方面。第一方面是政府的政治责任。因为政府作为公共权力的主体，所以需要承担公共事务中的政治责任。政府的政治责任在公共管理领域主要体现在政府是否愿意通过制定和执行公共政策来解决公共问题，并对某一公共问题给出具有原则性、指导性和意向性的解决意见。第二方面是政府的管理责任。政府担任着公共管理实施者的角色，其管理责任体现在政府能否采取科学合理的管理措施，使公共问题能够得到有效解决。

（三）政府的组成和职能

我国的政府组织具体包括五个层次，如图 1-2 所示，是这五个层次的组成部门及其相应的职能。

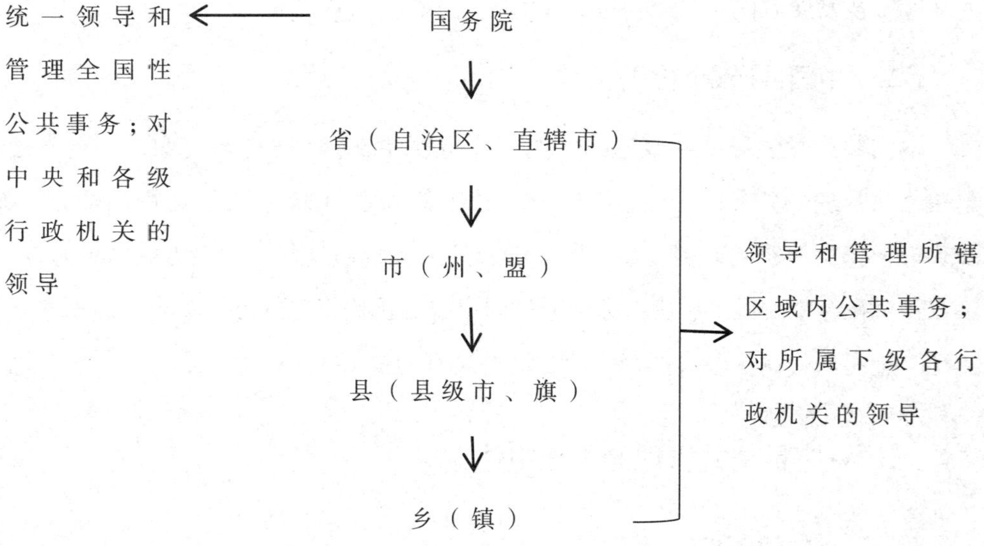

图 1-2　中华人民共和国政府组织纵向关系图

政府的管理职能包括四方面，分别是政府的政治职能、政府的经济职能、政府的文化职能及政府的社会职能。此外，政府能为公民提供多项公共服务，如国家安全、社会稳定、经济发展、文化繁荣和社会保障等方面。

三、非政府组织是公共管理的协同主体

（一）非政府组织的协同地位

非政府公共组织在公共管理中处于协同地位，要按照一定的规则、政策及法律法规，发挥自身特有的各项功能，为社会提供各种服务，其管理原则是独立和公正。在中国，除政府外，社会组织主要有事业单位、群众团体、民间组织、社会中介组织等，它们共同组成社会的公共管理的协同主体。这些组织机构可以为公民提供一些政府和市场无法提供的公共服务，因此能够将政府和市场的不足之处进行弥补，并将社会中不同群体的利益诉求明确地表达出来，使社会更加和谐、互助和融洽。

（二）非政府组织的特点

非政府公共组织具有多种特点，其中最主要的有五个，分别是民间性、组织性、志愿性、自治性和非营利性。首先，民间性是指非政府公共组织与政府的体制不同，实施的是自主管理的方式，组织负责其中的所有事务，并承担相应的责任。其次，组织性是指非政府公共组织具有完善的内部制度，会经常性组织各种活动，并且有相关的负责人负责各项事宜。再次，志愿性是指非政府公共组织所开展的各项活动是建立在公民自愿参与的基础上的，能够促进社会生活的多样化发展，并能满足公民多元化的服务需求。从次，自治性是指非政府公共组织的管理是自主进行的，并不受到来自政府及私营企业的限制，同时能够与其他公共事业组织同时开展活动，互不影响。非政府公共组织虽然并没有受到政府的限制，但是仍需要遵守国家法律，按照法律法规开展相关活动。最后，非营利性指的是非政府公共组织通过开展活动获得的利润不可以分给组织的所有者及管理者。非政府公共组织开展各项公共活动的目的并非获得利益，而是完成一定的使命；有些活动可能会为组织带来一定的利益，但这部分的利益依然带着一定的任务或者

使命，所以不允许分配给组织的所有者和管理者。非营利性也是非政府公共组织与其他私营组织之间最大的区别所在。非政府公共组织能够为公民提供各种公共服务，如教育、卫生、娱乐等方面。我国的非政府公共组织的内部组成部分如图1-2所示。

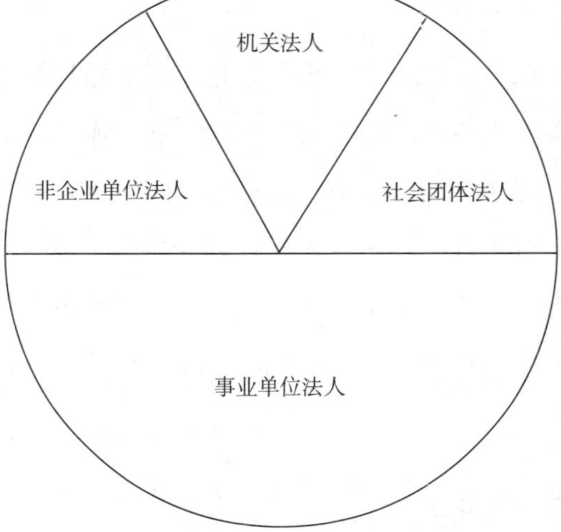

图 1-2　我国的非政府公共组织

四、民众是公共管理的参与主体

（一）民众的参与地位

民众在公共管理中的地位是参与主体。公民参与指的是公民在自主自愿的基础上，积极参与各项社会活动或者社会事务管理的过程。公民需要参与到社会管理过程中、各种决策及其贯彻执行中，这样才能体现社会公共管理的民主性。

（二）民众参与公共管理的方式

中国人民民主专政体现在中国所实行的人民代表大会制度，这项制度同时也是我国的根本政治制度。该制度明确规定，我国的一切权力属于人民。人民行使国家权力的机关是全国人民代表大会和地方各级人民代表大会。全国人民代表大会和地方各级人民代表大会都由民主选举产生，对人民负责，受人民监督。国家行政机关、监察机关、审判机关、检查机关都由人民代表大会产生，对它负责，受它监督。全国人民代表大会是最高国家权力机关，地方各级人民代表大会是地方国家权力机关。

（三）对政府进行效能监察

我们要对政府进行效能监察，核算政府供给的公共物品的成本，避免再次出现政府垄断公共管理导致预算最大化和政府规模恶性膨胀的问题，将政府的预算与政府工作的实际绩效进行对比核验，确保政府在公共管理中完成其应尽的责任。

（四）引入企业家精神

我们还要在公共管理中引入企业家的精神，倡导顾客导向的价值理念，促进公共管理事业的发展。

第三节　公共管理的内容

公共管理是一种行为过程，其具体目的是对人民的公共利益进行维护，为人们提供各种社会服务，使社会能够实现全面协调发展。所以，公共管理具有非常广泛的内容。从政府的职能方面来看，我们可以将政府职能简单分为政治职能和公共管理职能两个主要方面，而政府的公共管理职能可以再进行细分，分为经济管理职能、社会管理职能和公共服务职能。从中我们能够看出，公共管理职能几乎涉及除国家的政治职能外的所有社会生活的领域，这也使得公共管理的内容非常宽泛。

公共管理的内容通常情况下可以分为三个方面：研究对象、学习方法和具备的职能。

一、公共管理的研究对象

在探讨公共管理的研究对象前，我们首先要深入理解公共管理的含义。关于公共管理的含义，不同的学者有着不同的观点。通过对这些学者和专家的观点进行总结和比较，我们可以发现，公共管理主要的研究内容有三方面：第一，研究各种公共组织，尤其是政府组织的结构、功能及与环境之间存在的关系等；第二，研究公共管理的管理过程及各部分的环节，如组织、决策、沟通、协调、监控和评估等；第三，研究如何使用各种科学知识来解决公共管理中出现的管理问题，借此来推动政府及其他公共组织的公共管理效率。换句话说，公共管理主要的研究内容就是各种公共管理活动，要对人类所掌握的各种科学知识、方法及技术加以运用，深入研究公共管理的管理过程及其中蕴含的发展规律，使公共组织尤其是政府组织能够更好地为民众提供公共服务，并为民众提供更多公共物品。

那么公共物品具体指的是什么呢？下文将对“公共物品”的概念进行简单介绍。公共物品是指民众无需付出任何代价就可以享用，并且不会影响他人享用的物品。公共物品具有诸多特点，如非竞争性、共享性、排他性、自然垄断性等。根据不同的划分标准，我们可以将公共物品分为不同的类型，如纯公共物品、准公共物品，有形的公共物品、无形的公共物品、全国性的公共物品、地方性的公共物品等。为民众提供公共物品是公共部门（尤其是政府部门）最基本的职责。

基于以上对公共管理定义的介绍，我们可以将公共管理的研究对象分为以下三类。

（一）动态的公共管理活动

公共管理具体体现在各种公共活动中。计划、组织、指挥、协调和控制是管理的五要素。此外，我们认为，决策、沟通、领导和创新也属于管理的主要因素。公共管理的研究对象包括公共管理组织以公共管理目标为导向所开展的各项活动，我们将其称为动态的公共管理活动。

（二）静态的组织结构和组织体系

要想开展公共管理活动，必须要通过一定的组织来进行，同时也需要相关的组织对所要开展公共管理活动进行授权。公共管理要对组织的各个方面进行研究，如组织的层级结构、规模、人员配备等情况，同时也要研究组织的安排方式，使其能够在最大限度上与公共管理活动相匹配，我们将其称为静态的组织结构和组织体系。

（三）公共管理活动中产生的公共管理关系

公共管理者在开展各种公共管理活动时，必定要负责好组织内外部的各环节，要与其他的部门或者组织进行交流和合作，而公共管理关系就是在这种过程中形成的。公共管理关系之间互相影响、互相作用，共同构成一个有机整体。公共管理关系又可以分为人际关系、沟通关系、组织关系等，这些都是公共管理所要研究的对象。

二、公共管理的学习方法

不同时期有着不同的公共管理的学习方法，同时也有着相应的研究途径，而这些不同的学习方法各自又有着不同的侧重点。早期的传统公共行政学非常重视研究政府制度、机构、法规等方面的内容；而中后期的传统公共行政学则侧重于观察、实验、计算机模拟、运筹学等方面的内容。虽然公共管理在不同的时期使用的学习方法不同，但是也存在一些基本的学习方法。

（一）实践抽象法

公共管理经过了长期的实践和发展，积累了大量的经验，其操作程序和思维方式已经较为稳定和成熟，而实践抽象法就是对公共管理的操作程序和思维方式进行总结、抽象和概括，使之形成具体的理论。这种学习方法一般涉及的都是较为具体的内容，如公共管理人员确认问题的方法、搜集整体信息的方法、分析信息与问题之间关系的方法及方案实施的具体方法等。虽然实践抽象法在具体操作时会根据实际情况和问题的不同而有所差异，但是使用这种方法所要遵循的基本原则是相同的，方法的实施程序也是一致的。

（二）系统分析法

系统分析法是多种方法的总称，而非仅指一种方法，它包括整体分析法、结构分析法、层次分析法等。在运用系统分析法时，我们要将公共管理看作是一个整体，从整体上对其进行系统的把握，关注整体与局部、整体与层次、整体与结构、整体与环境之间相互物质、信息和能量的交换，从整体上对公共管理组织进行优化，谋取公共管理组织整体的最大利益。在进行公共管理时运用系统分析的方法，可以让人们更深刻地理解公共管理与环境保护之间存在的关系，进而更好地把握公共管理系统的组成、环节及层次之间的关系，能够使知识领域得到多方面的拓展。

（三）实体分析法

实体分析法要将公共管理组织和机构看作是一个实体，对其基本情况、存在的条件、发展的因素及与环境之间的相互问题等内容进行分析和研究。具体而言，实体分析法就是分析公共管理组织的规模、职能、环境等方面，以此来让工作人员更深入地了解机关的基本情况，并为其提供更多的相关知识，使其能够在实践中加以运用。

（四）实验分析法

实际上，不同的机关或者部门之间的工作都是相互存在联系的，其工作内容、工作程序和工作模式一般情况下都是固定的。如果想要改变原有的管理模式，那么就要采用实验分析法来进行设计。因为新的管理模式如果不是科学有效的，那么将会使实际工作的效率还不如原来的模式，所以新的管理模式在推广前要经过科学、充分的实验。实验分析法是指通过设计模拟实验，将事物的各种因素、发展过程再现出来，以找到这种事物在现实世界中的各种有用数据及面貌，进而设计出适合该组织或机构的新管理模式。但是，考虑到公共部门事务的复杂性，模拟实验无法像真正的实践一样加入所有方面的因素，并且与人相关的各种因素又是无法准确预测的，所以我们要理性看待实验分析的结果，将其作为参考，对其进行调整和修正。

（五）经典案例法

经典案例法是一个非常好用的方法，可以让我们通过查看经典案例，从中总结经验、吸取教训。人类公共管理学有一定的发展历史，并且各个时期的理论学说具有一定的延续性，所以我们可以从先前的事件中发现一些可借鉴的地方，以此来指导我们现阶段的公共管理实践。在运用经典案例法再现当时的事件、人物和环境时，必须要秉持客观公正的态度，同时还要考虑不同政治、经济、文化背景下不同案例中存在的变量，对其进行有选择的借鉴。

（六）比较分析法

比较分析法在公共管理中较为常用且有效。通常情况下，我们可以将比较分析分为纵向比较和横向比较两个层面。其中，纵向比较指的是比较某一事物在不同时期的发展和变化，如比较中国古代行政方法和现代行政方法的异同；横向比较指的是比较不同区域中的相同问题，其目的是发现自身的短处、借鉴他人的长处，如比较中西方公务员制度的异同。比较分析法的研究结果能够在实践中得到良好的运用，所以其应用范围非常广泛。很多国家都为比较分析法制定了具体的填制、程序和方式，并将其用于公共管理的研究。

三、公共管理的职能

在公共组织中，政府处于主体地位。公共组织的职责是推动社会发展、满足人们多样化的公共需求。而公共管理的职能就是管理这些公共组织，并使这些公共组织能够完全发挥自身应有的作用和功能。

（一）公共管理的职能体系构成

1. 公共管理的基本职能

第一，政治职能是公共管理中最基本的职能之一。具体而言，公共管理的政治职能指的是保卫国家的独立和主权，保护公民的生命安全及各种合法权益，保护国有或私有财产不受侵犯，维护国家的政治秩序等职能。

第二，经济职能是公共管理中的非常重要的职能之一。也就是说，经济职能是公共管理组织所具备的维持社会经济稳定、推动社会经济发展的责任。

第三，文化职能也是公共管理基本职能中不可缺少的一部分。文化职能指的是公共管理组织所具备的领导精神文明建设、组织精神文明活动的责任，目的是通过文化的方式全面提高国民素质，为中华民族的发展提供强大的精神支柱。文化职能还可以进行细化，分为规划和管理思想政治教育、科学文化教育等事业的职能。

第四，公共管理的最后一项基本职能是社会职能。社会职能指的是公共管理组织所具备的动员社会力量管理社会公共生活领域的职能，具体又可以细分为：控制人口发展、合理利用自然资源、保护地球生态环境、完善社会保障体系、促进社会公益服务事业的发展等。

2. 公共管理的运行职能

公共管理的运行职能主要分为三个方面，分别是计划职能、组织职能和控制职能，这三种职能的具体内容如下：

首先是公共管理的计划职能。在公共管理中，计划职能是非常关键的职能之一，主要内容包括对公共管理活动目标、实施方案及系统的工作程序的制定。

其次是公共管理的组织职能。组织职能是指按照公共管理的要求设立一定的组织机构，并为该组织机构配备相应的人员，明确各人员的职位和职权，合理组织内部的各要素，使各个零散的要素形成一个有机的整体，从而有效利用好各种资源。

最后是公共管理的控制职能。控制职能指的是对公共管理组织中的各个行为进行调节，使其能够按照预定好的要求来发挥自身作用的责任。

3. 公共管理的层级职能

公共管理分为不同的层级，不同的层级具备不同的职能，具体如下：

首先是中央政府层级。中央政府的层级职能是管理整个国家的各项事务及一些全国性的公共事务，如国防、外交、货币发行、宏观调控、全国性基础设施建设及与其相适应的机构设置、人员编制、经费支付等。

其次是地方政府层级。地方政府的层级职能是以维护国家利益和中央权威为基础，在此前提下对地方性公共事务进行管理，如对本行政区经济社会发展实施区域调节与管理、举办地方公益事业、征收地方赋税及与其相适应的机构设置、人员编制、经费支付等。

最后是中央政府和地方政府共同具有的职能。这部分的职能是由中央政府和地方政府共同承担的，如一些涉及国家利益的公共事务，如果由地方政府处理效果更好时则应当由中央政府和地方政府共同处理。通常情况下，全国统一的法律法规是由中央政府制定的，而地方政府会根据法律法规的规定来实施；中央政府和地方政府分别管理各自的机构设置、人员编制、经费拨付等方面的事务。

（二）我国现阶段公共管理的主要职能

1. 经济调节职能

经济调节职能指的是采取各种必要的手段，如经济、法律和行政手段等，对经济的发展进行引导和调控，同时对经济结构进行优化，充分发挥出公共管理对经济所具有的调节职能，发展对外经济贸易和区域经济合作，提高我国的就业率，使我国经济实现稳定增长。经济调节职能的具体内容如下：

首先，公共管理要保证我国经济保持稳定、快速地增长。实现我国长远战略目标及提高人民生活水平的首要条件就是保持经济的快速、稳定发展。所以，在公共管理的经济调节职能中，促进经济发展是最重要的内容。我们要对社会总供给和社会总需求之间的关系进行调整，使两者处于一种动态平衡的状态，以此来推动经济的快速发展。

其次，公共管理要提高我国的就业率。对于人们的生活来说，就业是非常重要的前提，也是保障生活正常进行的条件。就业率的高低与我国经济发展的速度及就业弹性等因素有关。因此，要想提高我国的就业率，首先要保证我国的经济能够始终处于稳定、快速增长的状态，同时也要积极发展劳动密集型产业、第三产业、中小企业、非公有制企业，要大力推进城镇化，加快小城镇建设，以此来提高就业弹性，增加就业。

再次，稳定物价也是公共管理职能的一部分。稳定物价是我国宏观经济政策的基本目标之一，指的是短期内物价总水平不会发生明显的波动，处于基本稳定的状态。物价能否稳定会受到本国货币币值（货币购买力）的巨大影响。因此，稳定物价就要抑制住通货膨胀、避免通货紧缩、维持币值的稳定。综上所述，人们又常把这一目标称之为“稳定币值”。

最后，公共管理还要发挥维持国际收支平衡的职能。国际收支指的是一个国家或地区与其他国家或地区之间由于各种交易所引起的货币收付或以货币表示的财产的转移。要想实现国际收支的平衡，我们要协调国际收支中的各组成要素，如财政、货币等。此外，我们还要格外重视使用决策杠杆和引导产业，对进出口商品结构进行整体优化，转变我国的外贸形式，使其从数量增长型转变为质量效益型。

2. 市场监管职能

市场监管职能是指创造公平和可预见的法治环境，完善行政执法、行业自律、舆论监督、群众参与相结合的市场监管体系，建立健全社会信用体系，实行信用监督和失信惩戒制度，整顿和规范市场经济秩序，建设统一、开放、竞争、有序的现代市场体系。其内容主要有以下五项：

第一，司法部门。司法部门主要是指我国的各级法院。在市场监管中，各级法院的主要作用是依照相关的法律规定，运用正当的司法程序，以当事人的请求为根据，制裁一些严重违反市场经济法律的行为。司法部门是现代市场经济中非常重要的监管力量，担任着监管市场、处罚违法行为的角色，其特点是严格、规范、权威。但司法监管也存在一些不足之处，如监管时间长、监管成本较高等。

第二，各级政府。各级政府主要是指政府的各个行政执法部门。这些部门对于市场的监管是依照相关的法律规定，采取各种行政手段来监督、控制和查处市场上的各种违法违规行为。这些部门在履行市场监管职责的过程中具有主动、及时和点多面广的特点。这些部门不仅要对自己所监控的市场范围中的违法行为进行查处，同时还要对市场主体的经营行为进行监督，保证市场的有序运行。

第三，行业自律组织。这类组织在现代经济市场中也承担着非常重要的监管职能，主要包括市场中的各类商会和行业协会。行业自律组织有着相关的协会章程，依照国家法律法规对协会会员的经营活动进行管理，以此来保证该行业的正常发展。该组织对成员的监管权部分出自政府的授权，部分是出自协会成员的集体意志，所以具有一定的自律性。行业自律组织既能对组织成员进行监督，同时也能对其违法经营活动进行处罚。

第四，新闻媒体。因为市场监管具有公益性和外部经济性的特点，并且新闻媒体需要承担一定的社会责任，所以新闻媒体对市场也有一定的监督职责。新闻媒体对市场的监管具有广泛性，采取的形式是公开披露相关的违法经营行为，但是新闻媒体无法对市场进行系统和常规的监管，并且只有披露不法行为信息的权利，而不具备处罚权。基于以上特点，新闻媒体只能对市场监管内容进行补充。

第五，消费者维权组织。这个组织主要是消费者及消费者权益保护组织对于市场秩序破坏行为和现象的举报、抵制；消费者权益保护组织对于消费纠纷的调节，对于坑害消费者的经营行为的谴责和信息披露。消费者维权组织对市场的监管具有自发性，其作用是维护消费者的正当权利，能够对违规的经营行为进行舆论批判和道义谴责，为其带来巨大的社会压力，以此来发挥监管市场的职责。

3. 社会管理职能

社会管理职能是指通过完善社会管理政策和法律、法规，依法管理和规范社会组织、社会事务，妥善处理社会矛盾，维护社会秩序和社会稳定，促进社会公正。其内容主要有以下六项：

第一，对政府社会政策体系进行进一步完善，在社会政策中融入与社会公正理念相关的内容，以此来保证社会的正义发展。

第二，政府采取各种手段来打造基本社会安全网，并采取公共财政的手段，建立完善的政府社会管理机构来保证社会安全网的正常运行。

第三，促进社会事业发展主体的多元化，以此来实现社会事业管理的社会化。其中，可以将社会力量和个人力量引入纯公益性社会事业的建设中。

第四，维持社会秩序的稳定、安全与和谐。社会秩序由国家法律法规、企事业单位和社会团体的规章制度、社会公德和优良风俗习惯等各种规范共同形成，用以维护社会的安宁，维护人们的正常生产、工作和生活，维护社会生存和发展。

第五，建立社会调控手段体系。政府对社会的调控手段主要包括法律手段、财政金融手段、必要的行政手段。

第六，提高社会分配率。

4. 公共服务职能

公共服务职能是指加大公共服务投入，完善公共服务决策，健全公共服务体系，努力提高公共服务质量，推进部分公共产品和服务的市场化进程，建立健全公共产品和服务的监管体系，创建公共服务绩效评估制度，简化程序，降低成本，讲求质量，提高效益。其内容主要有以下四项：

第一，公共管理要为公民提供所需的基础性公共服务。在公民日常的生活、生产和娱乐活动中，有着各种各样的公共服务需求，如供水、供电、通信等，以此来保证公民的生活能够正常进行。

第二，公共管理要为公民提供所需的经济性公共服务。政府和相关的组织机构要提供经济性公共服务，如科技推广、咨询服务等，来保证公民能够正常从事经济或生产活动。

第三，公共管理要为公民提供所需的社会性公共服务。政府和有关组织机构要采取各项行为来满足公民生活、生产和娱乐等方面的社会性需求，如社会医疗、娱乐设施、公办福利等。

第四，公共管理要为公民提供所需的安全性公共服务。安全性公共服务指通过国家权力介入或公共资源投入为公民提供的安全服务，如军队、警察和消防等。

第四节　公共管理的特点

一、公共管理与私人管理的区别

公共管理与私人管理之间存在着很大的区别，两者是相互对立的两种概念。公共管理与私人管理的区别同样能体现出公共管理的特征，具体内容如下：

（一）公共管理强调价值与责任

在私人管理中，利润是最重要的部分，同时也明确划分了部门人员的权利和责任，价值则很少被提及。但是在公共管理中，公共部门非常重视价值。公共部门也会强调经济和效益，但更加重视对公平、公正和民主的追求，即对价值的追求。此外，公共管理部门非常重视责任，认为只有各个部门的人员都承担起自身的责任，才能使绩效测量指标达到要求的标准，进而从真正意义上实现政府所承担的责任。

（二）公共管理具有很强的政治性

从本质上来看，公共管理活动其实是一种国家性质的活动，所以公共管理具有很强的政治性。首先，作为公共管理的主体，政府和机关部门不仅能为民众提供各种公共服务，而且还是代表着政治权威的执行者，而这些部门本身就带有强烈的政治性，所以公共管理也具备政治性；其次，公共管理的运作背景是复杂的政治环境，所以公共管理会受到背景环境的影响而产生政治性；最后，我国政治活动非常广泛，而这些活动就是公共管理的对象之一，所以公共管理会因为研究对象的性质而受到影响。

与公共管理部门不同，私人管理部门虽然具备一定的行使市场或者经济的权力，但这项权力并不属于公共权力的范畴，所以私人管理并不带有任何的政治性。

（三）公共管理知识的广泛性

公共管理建立在公共行政的基础上，并对公共行政的内容进行了扩展，具体体现在管理主体、管理客体和管理内容及对管理知识的要求等方面上。公共管理需要用到各个学科的知识，如经济学、管理学、政治学、社会学、数学、系统分析学等，所以说公共管理的知识整合了各个学科的知识和方法，具有广泛性。例如，经济人假说、市场竞争、成本—效益分析、交易成本等理论就是从经济学中吸收来的。绩效管理、组织发展、人力资源开发、顾客至上、合同雇佣制、绩效工资制等管理的理论、方法和技术就是现代工商管理学相关知识在公共部门中的运用。

（四）公共管理研究领域的广泛性

公共管理除知识具有广泛性外，其研究领域也非常广泛。公共管理不仅将一些传统的研究方向进行了有选择的保留，并且在此基础上进行了创新和突破。公共管理学虽然建立在公共行政学的基础上，但是其中也涉及了大量的公共行政学所未涉及的主题。

（五）公共管理注重经济学的研究方法和途径

如果我们认为传统公共行政主要研究的是政治学的话，那么公共管理主要研究的则是经济学和管理学的内容。所以，人们有时候会将公共管理称作以经济学为基础的新政府管理理论或“市场导向的公共行政学”。虽然公共管理中综合了各个学科的知识和内容，但是研究公共管理的主要力量是一批被称为“政治经济学”或“新政治经济学”的学者，他们对于公共管理的发展做出了巨大贡献，其中最具影响力的成就是公共选择理论与新制度经济学，而这些都属于经济学中的内容。

（六）公共管理模式的新颖性

公共管理模式实质上是一种管理思路，主要是指在进行公共管理过程中能够处理政府与市场、政府与企业、政府与社会关系的模式。之所以说公共管理模式具有新颖性，主要是因为这种模式与以往的管理模式完全不同，并且将公共管理与以往传统行政管理进行了区别。公共管理模式的新颖性主要体现在，该模式偏好劳务承包、为民众提供多元化的公共服务等方面。

二、公共管理的基本特点

（一）公共性

公共管理具有公共性，这是因为公共事务是由公共组织进行管理的，代表着公共的利益。其具体表现为：公共管理的主体、对象、目的及手段都具有公共性。其中，公共管理的主体是公共组织，公共管理对象是公共事务，公共管理的目的是公益性，而公共管理手段是公共权力。

（二）合法性

公共管理的合法性是指公共管理应遵循一定的标准、规范，其具体表现如下：

（1）公共管理主体资格的合法性；

（2）公共管理行为规范的合法性；

（3）公共管理结果的合法性。

（三）管理性

公共管理的管理性是指公共管理所开展的各项活动属于管理活动的范畴，所以公共管理具备一般管理所具备的特点，其具体表现如下：

（1）公共管理的过程中包括不同的管理环节，如计划、组织、指挥、控制等；

（2）公共管理进行过程中，要遵循原则性和灵活性的原则，协调好效率与公平、权力与责任的问题，贯彻人本、诚信与服务的管理精神。

（四）公开性

公共管理的公开性是指及时向社会公布公共管理信息的特点，使公共管理信息能受到社会公众的监督，其具体表现如下：

（1）公共管理信息要主动公开；

（2）选择合适的公共管理信息的公开方式，方便群众对其进行查询、收集和监督。

（五）公正性

公共管理的公正性指的是公共管理的目标是要实现社会的公平公正，其具体表现如下：

（1）公共管理过程公正；

（2）公共管理结果公正。

第二章　城市基础设施服务管理

本章主要介绍城市基础设施服务管理，主要从城市基础设施服务管理的基本认识、城市基础设施服务管理存在的问题、城市基础设施服务管理的优化路径三个方面进行介绍。

第一节　城市基础设施服务管理的基本认识

一、城市基础设施的含义

通常情况下，基础设施指的是为社会生产和居民生活提供公共服务的物质工程设施。基础设施是一种公共服务体系，能够保证国家、地区社会经济、生活等活动的正常进行。从另一个角度看，基础设施不仅能够满足人类的各种社会需要，同时也能保护人类所处的生态环境，进而推动国家或地区的经济文化、政治军事的发展，同时保证生态的平衡。

城市基础设施指的就是城市范围内的基础设施。城市基础设施往往比乡村基础设施更加健全和完备。在我国，城市基础设施在狭义层面上指的是工程性的物质基础设施，如城市能源供应设施、道路交通设施、物流中心设施、邮电通信设施、供水排水设施、环境卫生设施、防灾工程设施等。在广义层面上，城市基础设施还包括一些社会性基础设施，如教育、科技、医疗卫生、体育、文化等方面的基础设施。

二、城市基础设施的分类

（一）从范围上分类

城市基础设施从范围上可划分为两大类，分别是城市社会性基础设施和城市工程性基础设施。其中，第一类城市社会性基础设施一般指的是行政管理、文化教育、医疗卫生、商业服务、金融保险、社会福利等设施。第二类城市工程性基础设施又可分为六个系统，分别是能源供应系统、给排水系统、交通运输系统、邮电通信系统、环保环卫系统和防卫防灾安全系统。

（二）按服务性质分类

城市基础设施还能按照服务性质进行分类。

第一，生产基础设施。生产基础设施中包括服务于生产部门的供水、供电、道路和交通设施、排污、绿化等环境保护和灾害防治设施。

第二，社会基础设施。社会基础设施指的是服务居民生活的各项社会设施，如商业和饮食、服务业、民用及商业建筑、公共交通、运输和通信机构、教育和保健机构、文化和体育设施等。

第三，制度保障机构，如公安、政法和城市规划建设与管理部门等。

在不同的时期，人们对于城市基础建筑的发展有着不同的要求。当前，城市基础设施发展的总趋势是，其基础设施的种类和数量会随着社会科技的进步而不断增加，服务质量也会随之得到提升。所以，当我们看待基础设施建设的相关问题时，要带着发展的眼光，从长远打算。

三、城市基础设施的特点

（一）先行性和基础性

“要致富、先修路。”这句话充分表明了道路在人们生活中的重要性，这也体现出了基础设施在人们的社会生活中具有的先行性和基础性特点。基础设施为社会生产和居民生活提供了大量的公共服务，使社会生产能够正常进行、居民能够幸福生活。

（二）不可贸易性

人们几乎是无法通过贸易活动来引进绝大部分的基础设施所能提供的服务的。人们可以从国外引进资金或者技术及相关的设备，但是却无法将类似机场、公路等基础设施从国外直接引进国内，这就体现了城市基础设施的不可贸易性。

（三）系统不可分性

一般情况下，只有具备一定规模或者形成系统的基础设施才能持续不断地为人们提供各项服务，如公路、机场、港口等。在基础设施的建设中，小规模的投资是无法起到作用的，因为小规模的投资无法保证基础设施的系统完成，就像大坝要通向河水两岸而不能停到河水中间一样，基础设施必须具备系统不可分性，这样才能保证其良好运行。

（四）公共物品的非竞争性和公益性

城市基础设施为公民提供的公共物品具有相对的非竞争性和公益性。其中，公共物品的非竞争性指的是物品生产的边际成本为零，简单来说就是其生产成本不会因物品的消费而增加。公共物品的公益性是城市基础设施诸多特点中最显著的一个，也叫社会福利性。具体表现在以下两方面：

第一，基础设施的服务对象是城市中的所有部门、单位、企业和居民，而非某些特定的部门、单位、企业和居民。基础设施是为整个城市的公民提供多样化社会服务的。

第二，城市基础设施不仅服务于居民的日常生活，同时也服务于物质生产过程，这两方面的服务存在密切的联系。

（五）自然垄断性

由于基础设施自身的性质，所以大部分情况下基础设施都具有一定的自然垄断性，这也是政府对其进行干预的理论基础。自然垄断性是因为基础设施具有初始固定成本较高、可变运营成本较低的特点，而基础设施都会具有一定的网络特征，所以其自然垄断性在不断地增加。

（六）承载性

在城市的发展过程中，城市基础设施具有非常重要的作用，可以说是城市发展的硬件，决定了城市的承载力。基础设施会在很大程度上影响城市的发展规模，进而使城市的发展受到制约。城市基础设施的薄弱环节往往会在各种城市灾难中暴露出来，进而出现各种城市建设问题。因此，我们要格外重视城市基础设施的建设，保证其承载性。

四、城市基础设施的作用

（一）城市社会生存发展的物质基础

城市基础设施是城市居民生存与社会发展的物质基础，也影响着国民经济各项事业的发展。只有具备了完善的基础设施，国家或者地区的经济才能保持稳定增长。我们必须重视城市基础设施的建设，保证社会经济活动的高速发展。

（二）乘数效应

城市基础设施具有“乘数效应”①。也就是说，建设一项城市基础设施能够带来的国民收入是其投资额的几倍。因此，城市基础设施的建设能够帮助人们摆脱经济发展的困境。为了应对全球金融危机及经济下滑的风险，我国曾经实施了一揽子计划。在该计划中，有将近一半的资金被用于建设基础交通设施及城乡电网。这一举措极大地扩大了我国的内需，有效地刺激了我国经济的发展、拉动了公民消费，使中国以较快的速度解决了全球金融危机带来的问题。

（三）引导城市的空间发展结构

城市基础设施还能引导城市空间结构的发展和演变。例如：建设一条马路后，周围会渐渐出现马路经济带；建造一座新的火车站，会使该地区的地价有所上升，出现更多的商铺和住宅，调整该地的空间结构，拉动该地的经济发展。城市基础设施可以引导人们对城市的空间布局进行优化，如可以通过“以路引城”的方法改变城市的不良格局，以使城市的功能分区更显合理。②

① 指经济活动中某一变量的增减所引起的经济总量变化的连锁反应程度。

② 陈东强 . 从马路经济到以路引城 [J]. 城市问题，2004（5）：76-79.

第二节　城市基础设施服务管理存在的问题

一、城市基础设施服务在建设上存在的问题

（一）重复建设与供给不足并存

虽然我国的城市基础设施建设已经取得了较好的成果，但是其中仍然存在一些不足和问题，如重复建设与有效供给不足。重复建设现象一般出现在盈利水平较高、市场化程度较高及经济较为发达的地区的城市基础设施建设上；而有效供给不足的问题一般出现在市场化程度较低、盈利水平较低及经济较为落后的地区的城市基础设施建设上。

1. 重复建设

出现基础设施重复建设问题的主要原因是供给主体多元化及在开发过程中各部门协调不足。多元化的供给主体是指在同一个城市中，那些能够提供基础设施的主体所提供的产品和服务具有很大的相似性，处于相互竞争的状态。

重复建设会给城市的发展带来非常严重的负面影响。不同的经营模式和企业体制，造成部分城市管网不连通，不能形成资源共享和竞争带来的服务质量的提高。[①] 一方面，重复建设会使人们无法充分利用该城市的管道网络资源，白白耗费投入的建设资金。另一方面，重复建设会消耗大量城市的财力、物力和人力，使城市不仅没有走上更好的发展道路，反而经济更加不富裕。此外，重复建设还会造成城市宝贵土地资源的浪费。

2. 有效供给不足

目前，我国大部分城市都存在基础设施供给不足的问题。这一方面是因为没有做好全面的建设规划，另一方面是因为没有制定完善的实施机制，具体如下。

第一，缺失建设资金。在城市基础建设中，资金短缺是导致建设进程滞后的主要原因。

① 张全．我国城镇密集地区环境基础设施协调发展研究——以珠江三角洲城镇群环境基础设施研究为例 [J]. 城市规划，2004（10）：41-43；57.

第二，基础设施的建设是为了完成政绩。一些政府领导的任期较短，为了完成政绩，所以更倾向于将有限的资源投入城市地面建设工程上，往往不重视建设地下基础设施。

第三，建设存在难度。一些基础设施需要在已建成的项目中进行建设，所以建设存在较大的难度，造成有效供给不足的问题。

（二）用地浪费与土地空间不足并存

1. 用地浪费

目前，我国城市基础设施的供地方式主要还是对土地进行划分。因为划拨用地有着较低的成本，所以如果在进行划分时没有树立起集约用地的意识，那么很容易造成用地浪费的情况。用地浪费的情况往往出现在地上空间和地下空间两个方面。

2. 土地空间不足

要想利用好土地空间，就要对基础设施做好规划和建设，这两个环节如果有一个没有做好，就可能出现规划层面土地空间不足和建设层面土地空间不足的问题。前者指的是城市为基础设施规划出的空间无法满足其发展的需要；后者又包括地上空间和地下空间两方面的问题。

第一，由于没有做好相关的规划，所以地上空间有时会被一些其他的土地功能挤占，使基础设施没有足够的空间进行发展。此外，还有一些因为某些原因被拆迁的基础设施因没有足够的资金进行重建，所以也会造成地块被其他建设用地占用的情况。

第二，随着科技的进步，基础设施供给技术有所提高，也出现了越来越多的新型基础设施，所以有时需要对现有的基础设施进行重新建设或者扩容。但是一些城市没有足够的地下空间进行建设，或者地下空间的建设过于混乱，这就导致没有足够的土地空间能够满足基础设施建设的需要。

（三）过度超前与滞后建设并存

基础设施建设中还存在过度超前与滞后建设的问题。两者都是基础设施的建设速度与城市开发的需求不匹配的问题，前者是建设速度过快，后者是建设进程过慢。

基础设施是城市发展的重要推动力量，在一定程度上进行超前建设能够推动城市的良好发展。一方面，超前建设能让政府通过出让土地获得更多的资金回报，同时满足民众的各项社会服务需求。但是建设过度超前则会产生不利的影响，可能会导致设施长期闲置，不能发挥出其应有的服务作用，造成财力、物力和人力的浪费。另一方面，如果基础设施不能在规划时间内满足民众的生活需求，也会对城市的效益产生巨大的影响，甚至有的会严重威胁到城市公共财政。

滞后建设的情况在城市建设中并不少见。如果基础设施的建设比城市的发展速度更慢，那么不仅无法推动城市的发展，而且还会对城市的发展造成严重的制约，无法满足民众的各种生活服务需求，这种滞后会在城市的未来发展中造成持续性的消极影响。例如，我国许多城市的排水系统建设处于严重滞后的状态，一旦这些城市降水量较大时，就会出现道路严重积水的问题，这对城市正常功能的运转造成了巨大影响。

二、城市基础设施服务在运营上存在的问题

除了建设方面的不足，城市基础设施的运营方面也存在问题，主要是产品质量较低、服务质量不高、资金短缺及轻视设施的维护等，具体情况如下。

（一）产品质量低

近年来，我国城市基础设施供给的数量一直在增加，但是其质量却存在着一定的问题。随着社会的发展，我国不断推进城市化的进程，新的生产和生活方式改变了人们以往对基础设施的要求，所以基础设施的供给品质也需要进行提升。例如，供电的质量，要调整供电距离，应用新的技术，满足人们的日常需求，同时也要提高供电安全性等。

（二）服务水平差

基础设施服务水平差的主要原因是基础设施的垄断。长期以来，我国基础设

施一直是由政府垄断的。改革开放以后，随着社会主义市场经济体制的建立，基础设施供给的垄断程度有一定弱化，但是从整体上看，现阶段我国基础设施供给的垄断程度还比较高。①

此外，一些国家基础设施的垄断体现在完全市场化上，即基础设施的建设完全交给市场进行，这也会导致基础设施服务水平下降、供给设施质量低下等问题。

（三）资金短缺

随着国民经济的发展，我国城市化进程在不断加快，这些都与基础设施的建设密不可分。随着城市人口的增加，城市的规模也在不断扩大，这就导致人们对基础设施有了更多的需求。而要想满足人们对社会服务的多样化需求，就需要投入更多的资金建设城市基础设施。

当前，我国城市基础设施资金的主要来源是财政投资和银行贷款。由于基础设施的建设需要较长的时间，并带有公益性的特点，这与商业银行规避风险及追求短期回报的理念相悖，所以很少能够通过银行贷款来获得资金进行基础设施的建设。与此同时，财政投资也无法满足基础设施日益增长的建设需求，而其他的投资形式（如特种税费收入、引进外资等）在基础设施投资占据的比例很小，所以城市基础设施建设面临着资金短缺的问题。不过值得注意的是，随着改革开放的深入，外国商业资本和民间资本在基础设施建设上起的作用将会越来越大。②

（四）重建设轻维护

在城市基础设施管理中，人们往往更注重城市基础设施的建设，而轻视对城市基础设施管理的维护。其中，城市地下管线由于建设上的交错纵横、布线混乱、各套管线各自为政，维护难度极大，从而导致了对城市地下管线“重建设、轻维护”的局面。

① 孙艳深．公共基础设施供给中的政府行为研究 [D]. 呼和浩特市：内蒙古大学，2010.

② 屈哲．基础设施领域公私合作制问题研究 [D]. 大连：东北财经大学，2012.

三、城市基础设施服务在管理上存在的问题

（一）档案管理混乱

一直以来，我国城市基础设施项目档案管理方面存在管理制度落后、管理意识不强、管理体系不健全等问题，[①] 这就使城市基础设施的档案管理工作非常混乱。导致以上问题的原因主要有两方面，具体如下。

一是，2013 年以前，我国各地的城市地下管线普查和信息化建设进度较为缓慢，自 2013 年国务院颁布《国务院关于加强城市基础设施建设的意见》，2014 年国务院颁布《国务院办公厅关于加强城市地下管线建设管理的指导意见》之后，各地纷纷开始重视地下管线的普查和地下管线的信息化、智慧化管理系统的建设工作，但是也存在一些问题，如管理不到位，动态更新不及时，甚至未实行动态管理，不能提供完整、准确的管线信息，造成资源浪费。

二是，城市基础设施管理缺乏部门间的协调，很多城市的规划部门都没能掌握完全的地下管线详细资料。由于部门之间条块分割，档案资料互相封锁，信息资源难以共享。[②]

目前，山东省各个城市（如青岛、威海、临沂等）在对地下管线的规划、建设和管理方面走在全国前列。这些地区首先普查了本市所有的地下管线，并成立了数字化管理中心，通过对数字化管理平台的信息，实现对数据的统一管理。在日常使用中，各个管线部门与数字化管理平台有连接端口，各专业部门对其各自新建、改建的管线数据在平台上进行实时更新。此外，数字化管理中心会定期对地下数据进行针对性普查并更新数据档案，在此基础上，多地开展编制地下管线综合规划，将其纳入数字化管理平台，对今后各专业部门管线水平和竖向布局规划起到整合、协调、指导、规范作用。

（二）多头管理

在城市建设中常常出现这样的现象：工程管线建设被动地跟着道路走，道路

① 陈英．谈基础设施建设项目的档案管理 [J]. 广东科技，2013，22（8）：18-19.

② 杜世利．加强中小城市建设中地下管线基础设施工程档案的管理 [C]//. 回顾与展望：2010 年全国档案工作者年会论讨集（上），2010：211-215.

修到哪里，管道就铺到哪里，很少考虑周边的用地性质，造成工程管线系统性差，各专业部门施工顺序不协调，工程管线建设各自为政，管线敷设见缝插针。此外，重复建设和浪费道路资源等现象很普遍，既不利于将来工程管线的改造和其他管线的敷设，也明显增加了工程管线的施工成本和维护管理费用。①

目前，我国城市基础设施有着非常多的类型，并且内容也较为复杂，所以对应的基础设施常规管理机构也很多。我们可以把这些管理机构分为三类，分别是综合管理机构、专业管理机构及协调机构。此外还有临时性的管理机构，以应对管理中面临的一些新出现的或突击性的任务。② 不同的部门管理不同的专业基础设施，所以往往会导致管理和维护这些基础设施存在各种问题。

第三节　城市基础设施服务管理的优化路径

一、城市基础设施服务管理与经济增长的关系

在发展中国家，“城市人口比农村人口获得了更好的饮用水、环境卫生和供电服务。”③ 实际上，人们对于基础设施和公共事业的需求日益增长是因为受到了工业化和城市化的刺激，与此同时，人们的这些需求又是社会实现工业化与城市化发展的重要前提条件。

第一，建设城市基础设施能够为社会经济发展提供物质基础，保证经济的快速增长；第二，城市经济的快速增长也会刺激人们的社会性需求，人们的生活需要更多的基础设施。我们可以将城市基础设施建设与经济增长的关系概括为以下几点。

（一）基础设施具有空间先行效应

城市与乡村之间的明显区别在于，城市基础设施的质量和数量比乡村要更高、

① 沈阳，周珂 . 城市基础设施规划建设的可持续化发展 [J]. 上海城市规划，2006（5）：16-19.

② 郭劼 . 长沙市城市基础设施管理存在的问题与对策建议 [D]. 长沙：国防科学技术大学，2010.

③ 世界银行 . 1994 年世界发展报告：为发展提供基础设施 [M]. 王晓威，译 . 北京：中国财经出版社，1995.

更多。如果我们想要新建一个城市或者对现在的城市进行扩建，必须要先建设好配套的基础设施，对该地区的能源、水资源、交通路线进行改善，以此来保证居民的生产和生活能够正常进行。一个城市的基础设施建设得好，那么相应的其现代化程度就会较高，城市也会具有更大的发展潜力。所谓空间先行效应即是在区位的选择上，城市基础设施优先于城市微观经济主体的区位选择。事实上，城市基础设施在建设前如果能够进行系统、科学的规划，那么就能大大节省城市的空间成本、优化城市空间结构，并改善城市基础服务的功能。因此，城市基础建设能够优化城市的产业结构配置，进而对城市经济的发展产生重大的影响。

（二）基础设施诱导城市经济变动

在城市发展过程中，城市基础设施的建设非常重要。选择性地供给城市基础设施能够在很大程度上拉近城际距离，并且将城市的边缘规模进一步扩大，大力改善因人口聚集度过低而导致的经济效益较低的情况，大力鼓励城市经济快速、高效发展；与此同时，对城市基础设施的供给进行控制也能带来良好的发展效果，避免城市盲目扩张而引起一系列城市性问题，国外一些城市会通过对水资源和垃圾清运进行控制的方法来控制城市的发展，避免城市出现人员过度聚集的情况。不同的阶段，城市有着不同的发展情况，因此也会有着不同的城市基础设施建设方向，最终对城市经济所产生的影响也各不相同。

（三）城市经济发展是城市基础设施供给的源泉

城市基础设施建设的投资主体是城市的政府部门，而政府是通过税收和城市基础设施的使用收费来获取投资资金的。但是，无论是通过税收还是基础设施的收费，都需要依靠城市经济的发展。因此我们说，城市经济发展是城市基础设施供给的源泉。城市基础设施需要微观经济主体来分担建设的成本，并为其后续的建设提供资本的支持。因此，政府在进行城市基础设施建设时，要充分考虑作为社会主体的民众的各项需求。我国一些城市的政府在进行市场建设时，没有充分考虑主体的需求，最后导致相关的设施建设好了，但是却实现不了经济的聚集，使该市场成了一个“空壳市场”，这对我们的城市基础设施建设来说是非常深刻的教训。

二、优化城市基础设施服务管理的原则

在掌握了城市经济与城市基础设施之间存在的关系后，在对城市基础设施进行优化时，我们应该始终坚持以下几项基本原则。

（一）公共部门与私人部门供给相协调

为了使公共部门与私人部门能够实现供给协调，我们可以将私人资本引入城市基础设施的供给中，这种行为本质上其实是将竞争机制引入城市基础设施中，以此来让政府接收更多的有效信息，避免因信息不对称而盲目建设，同时也能激励政府公共部门提高供给的效率。

（二）城市基础设施配置与城市功能和特点相协调

由于不同城市有着不同的地理环境、地理位置、资源条件及发展情况，所以不同城市基础设施建设的特点也各不相同。在对城市的基础设施项目进行建设前，首先要充分考虑该城市的各个特点，将此作为规划和设计的出发点，并选择能够满足城市发展需求的建设和供给模式。例如，不能在环境宜人的旅游城市大量建设工业性基础设施来实现城市经济的发展，这样做违背了城市的功能和特点，无法取得良好的建设效果。

（三）城市基础设施存量与增量相协调

不同城市中的不同区域的发展速度和发展结构各不相同，具有非均衡性的特点，并且城市的基础设施建设会受到城市各方面因素和环境的制约，无法保证城市人口密度的增长能够和城市发展的需求保持一致，造成有的地区缺乏基础设施，而有的地区的基础设施闲置的情况。因此，我们在对现在的城市空间结构进行改造时，要做好城市的长期规划，并在此基础上设计基础设施的供给，同时充分发挥出现有基础设施尚未被挖掘出来的利用潜力。

总而言之，城市基础设施的建设对于城市的发展有着重要的影响，可以体现出城市的功能和特点，提高城市中公民的生活质量和生活体验，为公民提供高质量的社会服务，刺激城市经济的增长，提高公民就业率，推动城市的综合性发展。

此外，城市的基础设施也体现了政府职能的实现情况和职能特性，有助于实现城市社会经济发展。

三、城市基础设施建设与管理的完善策略

（一）城市规划的重要性

城市规划在城市基础设施的供给中发挥着非常重要的作用，其作用主要体现在以下两个方面：第一，城市规划可以为城市基础设施的建设提供科学合理的指导意见，避免出现因盲目进行基础设施建设而导致的各种问题，保证基础设施的供给及资源的合理利用；第二，由于建设城市基础设施需要投入大量的资金，所以务必要确保建设规划的科学合理性，不能出现规划和决策的失误，以此来确保投入的资源和资金不会被浪费。正因如此，基础设施发展能否成功首先取决于是否有统筹兼顾、切实可行的科学规划[①]。

2006 年的《城市规划编制办法》中指出："城市规划是政府调控城市空间资源、指导城乡发展与建设、维护社会公平、保障公共安全和公众利益的重要公共政策之一。"从中我们可以看出，城市基础设施的规划是由政府进行操控的，城市基础设施的资源要由政府来进行调控，发展与建设的指导思想也是由政府给出的，除此以外，政府还要确保基础设施能被社会所有公民公平使用，保证公共安全，维护公众的相关权益。我们能从该定义中明确发现城市规划能够在一定程度上保证公民使用基础设施的公平权力，但是城市基础设施的建设离不开各基础设施行业的发展，城市基础设施建设必须在此基础上合理利用城市的空间资源，做好相关的规划，保证自身的良好发展。

我们可以将城市规划对城市发展所具有的影响分为两个方面：第一，城市规划具有法定性特征，可以为城市的发展提供更多的需求；第二，城市建设的非法定性的特征也会给城市的发展提供更多的需求。城市规划对城市发展第一方面的影响在相关的法规中均有体现，能够约束城市基础建设的刚性发展；城市规划对城市发展第二方面的影响体现在城市的发展需要及行业经济效率的提高这两个方

① 邓淑莲 . 中国基础设施的公共政策 [M]. 上海：上海财经大学出版社，2003.

面上，我们要科学合理地利用城市中的各类资源，提供正确的引导思想来支持城市的持续发展。随着社会经济的发展，城市居民对生活不断产生着新的需求，这些需求能够不断推动城市基础设施的建设，让城市为居民提供更多的服务性产品和设施，在这个过程中，城市居民的需求也是城市基础设施建设的推动力量。除此以外，我们还要保证城市基础设施中各行业之间能够实现协调发展，以此来提高城市基础设施管理水平和相关的工程技术水平。以上这些举措都是基础设施行业发展的重要条件，能够为其提供更大的发展市场和发展空间。城市建设应该以这两方面的需求为规划依据，推进基础设施行业全方位的综合发展，以此来提升基础设施行业的规模，使其能够进行更高质量的发展。

为了更好地维护城市居民的公共利益，许多城市都出台了相关的法规政策，要求城市基础设施建设要满足一定的建设标准；与此同时，一些城市还对某些基础设施的建设施加了刚性约束，用法律来确保不同地区的公民都能享有公平的权益。

城市规划的重要目标就是维护社会居民的公共利益，因此在对城市建设进行规划时，很多内容都是将保障公民公共利益作为核心目标。例如，一些城市在进行建设规划时依照城市的空间布局来安排基础设施的建设，使基础建设能够匹配城市的空间布局，满足居民的各种社会性需求，并且保证各类基础设施的公平分配，同时还能大力推动社会经济的发展。

（二）城市规划编制体系调整

1. 城市规划与建设体系

传统城市基础设施规划建设体系为：城市总体规划—城市基础设施专项规划—项目选址—项目建设。其中，基础设施专项规划所处的层次、深度和范围与城市的总体建设规划应该保持一致。然而，如果我们将专项规划作为项目建设的直接指导思想会存在各种弊端，要想解决这个问题，我们要为城市基础设施建设制定明确而详细的控制性规划。

在城市规划体系中，控制性详细规划居于法定地位，同时也是城市总体规划中低一层次的规划，要负责对各专项规划进行整合的工作。所以，我们要将控制规划对城市建设所具有的作用充分发挥出来，打造专业平台，落实城市总体规划的各项工作。

调整后的城市规划编制建设体系应为：城市总体规划—城市基础设施专项规划—控制性详细规划—整合选址—整合建设。

根据《中华人民共和国城乡规划法》中的有关规定，我们必须使城市基础设施各专项规划与城市总体规划保持一致，根据城市总体规划的内容和要求来开展各项基础设施的建设。

专项规划具有一定的专业性，这也要求我们要将相关管理部门的优势充分发挥出来，根据具体的需求来设计城市规划的初步方案，并考虑城市规划管理部门的意见对其进行调整。例如，《上海市城市规划条例》提出："全市各专业系统规划由市规划局组织编制，或者由专业主管部门组织编制，经市规划局综合平衡报市人民政府审批后，纳入全市总体规划"。

2. 加强各阶段规划对基础设施专项规划的整合

城市基础设施规划要从整体规划方面着手考虑，并且将制定好的规划进行落实，而非只考虑城市的各项附属规划。如果专项规划组织没有保持与城市总体规划一致的步伐，同时也没有将相关的控制规划落实，那么后续的规划就很难继续实施。

专项规划编制要考虑到当地经济发展的计划及行业的发展需求，使规划具有较强的针对性和专业性，充分对接城市建设的各个方面，做到各行业协调发展。

在城市总体规划阶段中，我们需要对基础设施用地进行整合，其中不仅要整合城市的发展目标、城市发展用地总量的内容，还要整合用地选址、管线走向等方面的内容。这样一来，不仅能够使城市发展摆脱资源型基础设施不足的限制，还能保证城市建设基础设施拥有足够的用地空间。

《中华人民共和国城乡规划法》中明确提出了要将基础设施专项规划纳入城市的总体规划中。此处的"纳入"指的是在对城市进行总体规划时要充分考虑基础设施专项建设的内容，整合城市建设用地和基础设施建设用地的相关规划，而不是将基础设施建设作为城市规划的附属部分。如果城市总体规划和基础设施专项规划中出现了一些用地矛盾等问题时，城市规划管理部门要对这些问题进行协调，分别与双方有关部门的管理人员进行沟通，最终找到一条最合适的解决途径，使基础设施专项规划能够在城市总体规划中得以体现。

控制性详细规划的作用是对基础设施用地的信息进行整合，其主要工作内容包括：整合设施用地、管线的布局及用地的空间，以此来保证各类基础设施的建设能够有条不紊地进行，在空间和布局上互不冲突，同时减少返工情况的出现。因此，在进行编制控制性详细规划时，我们要首先做好基础设施的布局和规划，与其他部门做好协调工作，对存在用地冲突的地方及时进行沟通，整合没有用地冲突的城市空间。

3. 城市总体规划编制“宜粗不宜细”

在城市总体规划中，基础设施专项规划不能作为总的建设指导思想。因此，为了能够确保城市总体规划本身的严肃性和权威性，我们在对城市进行总体规划编制时，要保持指导思想、建设原则与规划总量的平衡，在执行规划任务时适当增加工作弹性，以此来保证后续建设规划的正常进行。

在对城市基础设施的建设进行规划时，我们要严格遵守以上要求，抓好规划工作的重点，制定好相关的供给原则，对供给总量进行科学的预测，并决定好重点基础设施建设的走向、布局等内容。城市基础设施建设的主要内容包括以下内容：第一，要将城市规划目标作为建设依据，分析城市的供给需求，提出基础设施专项规划的各项要求和原则；第二，要综合考虑城市的规模及未来城市土地规划的内容，对城市的工程负荷进行预测，确定好重大基础设施的用地和空间布局；第三，要提前规划好城市基础设施建设的地点和范围，控制好建设的界限。

4. 加强专项规划在城市规划体系中的作用

以前，我国通常是将城市规划管理部门作为基础设施规划的主体，而将规划设计院作为基础设施规划的编制单位，其中编制人员既有城市规划专业的人才，也有市政专业的人才。

为了能够获取更加详尽的资料，我们在城市规划初期要做好充分的调研，掌握好专业部门的现状及行业的发展趋势，同时与相关部门进行沟通，了解他们对城市规划的意见，并根据这些意见来对城市的建设体系进行规划。在与各部门进行沟通时，通常采取的形式是方案汇报会，在会上各方均发表自己对于基础设施建设的地点和走向等问题的意见，此阶段反映出的是对专业管理部门较为粗略的需求；在此之后还会开展评审会，让专家对以上意见进行评审。

在城市规划过程中，一些基础设施规划常常无法在实际生活中得以实施，造成这种问题的原因主要是规划编制部门与基础设施专业部门没有完成全面的对接。如果双方没有完成对接工作，那么规划编制单位往往无法全面把握基础设施部门的需求，常常会将城市基础设施建设作为城市总体规划的附属内容，不够重视基础设施的规划，因此也就无法与基础设施专业部门进行配合，共同完成基础设施的建设。

根据以上情况，城市基础设施专业部门往往需要自己制定建设规划，而所作的规划必须能够符合自身行业的需求及发展趋势。

基础设施专项规划是进行控制性详细规划（以下简称“控规”）及建设的依据，具有很强的综合性，它不仅要落实城市总体规划中的专项规划，同时也要完成城市基础设施的规划目标。我们要深入研究基础设施的各项内容，以此来确定其规模大小和用地需求，从更大的区域角度统筹考虑防洪排涝、河流水系和大型市政基础设施的配套，同时确定各种管线的尺寸、坡度、标高等要素[①]。

5. 控规编制“宜全面宜详细、重整合重控制”

“宜全面”指的是，控规在城市建设用地范围内的全覆盖。《中华人民共和国城乡规划法》确立了控规在开发控制中的核心地位，法律条文隐含着控规必须全覆盖。控规全覆盖有如下好处：

第一，控规全覆盖能够有效增强现行控规与上位规划之间的衔接，使我们能够全面考虑现行控规中存在的问题。

第二，控规全覆盖能够让我们更加深入地分析和认识城市建设的整体局面，从而有效发挥出政府有关部门所具有的引导和协调作用，实现城市基础建设的协调发展。

第三，控规全覆盖有利于减少重复规划与实施所造成的浪费，政府可以根据

---

① 钟远岳 . 面向实施的综合性市政工程专项规划 [J]. 城市建设，2010（7）：387-388.

控规成果要求的管线综合一次到位并适量地建设基础设施，防止了反复和过量建设的浪费[①]。

“宜详细”指的是，控规内容应尽量细化，在用地条件上应达到指导实践的深度。控规是指导基础设施项目建设的实施性规划，因此内容要详细而具体。依据已经依法批准的城市总体规划或分区规划，考虑相关专项规划的要求，对具体地块的土地利用和建设提出控制指标，落实城市总体规划确定的城市基础设施的用地位置和面积，划定基础设施用地界线，规定控制范围内的控制指标和要求，并明确控制线的地理坐标。控规阶段的基础设施规划的主要内容如下：

第一，需求预测。需求预测指的是对城市规划范围内的需求大小情况进行预测，这一举措需要建立在充分把握总体规划和分区规划情况的基础上。

第二，规划方案。规划方案指的是要确定好基础设施各方面的信息与控规完全一致，如基础设施的位置、走向、范围等。

第三，节点研究。节点研究是指对基础设施规划方案中的重要节点进行深入研究，提出指导工程设计方案。[②]

“重整合”指的是，控规是协调城市基础设施各项工程规划的整合平台。目前，总规层面的“四线控制”还不能达到用地预控的深度要求，仅能反映城市大型基础设施的基本布局。通过控规的编制，对各专项规划中基础设施用地进行协调、整合，才能有效地将各种基础设施用地有机整合。

“重控制”指严肃控规的法定地位，加强控规对规划实施的控制。

（三）城市基础设施规划编制方法调整

1. 良好的预见性

基础设施行业能够一直蓬勃发展的重要原因是相关的技术在随着时代的发展而不断进行着更新和升级。技术的更新对于基础设施行业有着重要的意义，它不仅能够改变基础设施的供给方式，还能不断衍生出新的行业，其中一些衍生出的

---

① 沈阳，沈红，王雪明. 临港新城市政基础设施规划方法分析 [J]. 上海城市规划，2009（4）：35-38.

② 齐峰，冒晨. 贯彻城乡规划法推进基础设施专项规划制定 [J]. 城市规划，2009（7）：21-25；72.

新兴行业甚至能够改变城市建设的空间布局。因此，城市规划需要综合考虑多方面的因素，尤其是国内外相关技术的发展情况和发展趋势，以此来决定城市基础设施的供给量，并选择合适的工具来对城市的基础设施建设做出合理的规划，为基础设施留好相应的用地空间。

2. 适应供给主体多元化的趋势

随着社会经济的发展，市场化竞争日益加剧，同时供给主体进入市场的门槛越来越低，这就导致了供给主体多元化的现象出现。因此，我们在对城市的发展进行规划时，要充分考虑到市场的供给现状。例如，在城市规划的调研阶段，我们可以搜集大量的市场主体资料，选择条件最佳的市场主体进行合作，同时，也要征询相关专业人士的意见，明确产权的分布情况，并以此为基础绘制出基础设施布局图。

在对城市的规划进行设计时，我们要整合手头搜集的资料，考虑主体各方面的需求，保证基础设施的充分供给，同时也要避免出现重复建设或者返工建设的情况。

3. 强化城市规划的公共政策属性

城市规划不仅是对城市空间布局的规划，同时组成了城市公共政策的内容。传统的基础设施规划往往不会考虑政治和公共层面的情况，只是一种纯技术性的规划，因此并没有对市场化运作的基础设施行业制定完善的管理实施策略。我们在对现代城市进行规划时则要对传统的规划方法进行改进，提出相应的政策、法规和要求，以此来保证城市基础设施建设的正常进行。

4. 加强城市内部的规划统筹

目前，我国城市建设呈现出新的发展趋势，运营主体越来越多样化。在这种情况下，我们在进行城市规划时，不仅要重视城市居民多样化的社会性需求，合理布局建设空间，同时也要制定相应的政策、采取合理的措施来引导和协调建设实施的过程。城市内部的规划统筹分为以下几个阶段：

第一，前期调研阶段。这个阶段要充分了解供给主体的信息，调查目前城市的基础设施布局情况，并且听取有关部门的建议，做好城市规划的前期准备。

第二，规划设计阶段。这个阶段要全面考虑城市发展的现状及未来发展的需求，对城市规划内容进行统一，设定好城市规划的总体目标，同时制定好详细的区域规划。

第三，规划实施阶段。这个阶段首先要确定好基础设施的用地范围，保证该地的可利用性；其次要合理安排城市的空间布局，在建设城市的同时也要避免污染城市环境；最后要根据各类基础设施的实际建设情况来有针对性地制定具体的实施方法。

第四，保障机制与实施[①]。这个阶段要梳理城市基础设施的建设情况，找出并调整重复建设的设施，保证城市规划的正常实施，不仅要合理规划城市的空间，同时也要制定实施机制，保证城市资源的合理利用及城市建设的效果。

① 城市规划不仅是城市土地利用空间布局的技术性规划，而且应该担负着城市空间政策的制定工作，尤其在重复建设日益严重的现阶段。

第三章　城市教育服务管理

在国民教育体系中，城市教育占据着中心位置，在教育发展过程中发挥着先导作用。本章为城市教育服务管理，主要介绍了与城市教育服务管理的相关内容。

第一节　城市教育服务管理的基本认识

一、城市教育服务管理的历史发展

我们可以将城市教育的发展分为自发管理阶段、经验管理阶段、科学管理阶段及现代化管理阶段这四个主要的阶段。目前，一些发达国家的城市教育管理已经开始进入第四个发展阶段（现代化管理阶段），而我国进入科学管理和现代管理阶段的时间相对缓慢一些，发展进程也稍微滞后一些。

（一）城市教育服务管理的自发管理阶段

人类的教育事业最早是从各个城市中开始发展的。中国早在春秋战国时期就出现了百花齐放、百家争鸣的文化格局，而这种格局正是在当时的各位先哲的办学过程中逐渐形成的，如孔子、墨子、老子、庄子等。这些先哲的教育理念和教育方法各不相同，但是都具有自发性的一致特点。其自发性主要体现在以下几个方面：第一，无论是实行有教无类方针，还是实行单传独授模式，这些学识渊博的先哲都没有提出一种相对稳定的管理模式，更别提系统的管理理论了，因此教育是自发进行的；第二，诸子百家并没有将教育和管理进行明确的区分，而是将两者混合在一起进行，如“因材施教”“有教无类”等内容其实都属于管理方面，但是先哲将其混合在其他知识中进行传授；第三，这些伟大先哲都非常重视教与学的自觉性，主张学生应该自己主动自觉地进行知识的学习。

人们在对教育管理的历史进行研究时，常常会忽视城市教育的自发性阶段。但是，这个阶段在人类的发展历史中持续了相当长的时间，且对如今的现代教育管理理论具有一定的启发和借鉴意义，所以这个阶段是不应该被忽视的。这个阶段有两大特点：第一，先哲不仅是教育者，同时也是管理者；第二，教育和管理是围绕着学生进行的。这两大特点如今又被一些学者提出来，并将其作为构建现代教育管理理论体系的重要内容，这不仅体现了历史的回归，同时也代表着该理论的升华与发展。

（二）城市教育服务管理的经验管理阶段

当全社会开始普遍重视人类教育时，教育的规模开始逐渐扩大。随着教育规模的日益扩大，人们开始划分教育层次，并逐渐开始意识到，教育不仅需要对知识进行传授，同时也需要对教育本身进行管理。因此，教育管理开始成为一个独立的领域，而非与教育混合在一起。在国家层面，国家开始设立一些机构专门负责教育管理；在学校层面，学校也培养了专门负责教育管理的人员；在个人层面，教书先生也开始意识到教育与教学管理之间的不同。因此，人们开始对前人的教育管理经验进行深入的研究和总结，并将其中有效的管理方式进行了沿袭；此外，人们也开始总结实际教学管理过程中的一些成功经验，并将其制度化。此时，教育中开始形成一些固定化及模式化的奖励和惩罚措施。在这个时期，教育管理开始形成一些理论，人们对各种管理经验进行了总结，并且开始进行各种教育管理的实践，所以人们将这个阶段看作是城市教育的经验管理阶段。

相较于自发性管理阶段，城市教育的经验管理阶段实现了一个巨大的飞跃，那就是将人们被动、不自觉的教育管理转变为了一种主动的、自觉的管理行为，而管理教育的相关学科就是在这个阶段开始萌芽的。城市教育的经验管理阶段具有一个非常明显的特征，那就是将借鉴现存的各种成功经验，并将其作为自己的榜样。我们可以从三个方面对这个特征进行详细的说明，具体如下：第一，经验具有有效性，对于先前教育管理中有效的或者能够约束和激励受教育者的经验都可以在现在的教育管理中采用；第二，经验具有唯一性，一种方法能被用来进行教育管理，必定是具有一定效果的，如果一个方法并不是从先人的成功经验中得来的，那么就很容易受到众人的排斥；第三，经验具有沉淀性，经验会在时间的检验下体现出其真正具有的价值，经验能够被广泛运用，说明该经验能够适用于多种情况，具有较高的使用价值，反之，那些新提出的经验或者管理方法，常常会因为其未经过时间的反复检验而受到人们的怀疑，人们往往不会轻易相信此类经验。

城市教育的经验管理阶段开始于西汉时期，并且在此后的时间里始终贯穿于中国封建社会教育管理的过程中。这一阶段的典型产物是科举制和等级教育制等。我国虽然在近现代之后引进了一些国外的科学管理模式来改善教育体制，但是仍采用古代沿袭下来的经验来进行日常教育管理。目前，我国城市教育管理的主要法则还是通过经验来进行教学管理。

（三）城市教育服务管理的科学管理阶段

进入 19 世纪后，世界工业迅速发展，以往的经验教育管理无法满足社会生产和发展的需要，所以科学管理学派出现了。这一学派首先出现在企业管理领域中，主要观点是要采取科学的方法来进行企业的管理，其代表人物有弗里德利克·泰勒、亨利·法约尔、林道·厄威克等人。其中，泰勒在 1911 年撰写了《科学管理原理》一书，其中将管理工作中的指导思想、指导原则和实践方法进行了系统的总结，并明确指出，管理工作的根本目的是使工作效率得到提高，进而提高生产力。因为泰勒在书中提出了以上观点，所以西方管理学界将其称为“科学管理之父”。

近现代城市教育也随着生产技术的提高而得到了进一步的发展，尤其是各种院校的发展速度越来越快，办学规模也在不断扩大。在这种情况下，传统的管理经验已经无法满足城市教育大规模发展的需要，因此人们开始对企业管理中的思想、理念和模式进行借鉴，将其运用到城市教育管理中。美国的哈佛大学、麻省理工学院率先垂范，中国的清华大学、复旦大学等院校也起而效仿，开始了科学管理的尝试。1949 年革命胜利后，由于各方面都照搬苏联 20 世纪 40 年代的管理模式，一概排斥西方的理论和学说（包括先进理论和学说），长时期将科学管理斥之为“资产阶级的工具”而加以全盘否定，因此城市教育管理又回复到经验管理阶段。此后经过了很长一段时间之后，我国教育界才开始再次接受科学的管理模式。

科学管理是城市教育管理发展中的一个非常重要的阶段，这种教育管理方式不仅对以往的经验进行了总结和提炼，并且还产生了新的系统化、科学化的指导思想、指导原则及实践方法。相较于经验管理阶段，科学管理阶段产生了质的飞跃，开始用系统、科学的理论方法取代先前以经验为主的管理模式，使管理工作的发展更加科学有序。我国当前正处于此阶段的发展历程中。

科学管理阶段的核心内容就是将管理科学化，这一核心内容可以从以下五点中体现出来：第一，将管理行为进行标准化，此阶段的管理教育不再以过去的经验、习惯等来管理教育行为，而是选取更为科学的方式来分析教育管理的过程，对其制定科学、标准的制度，使教育系统更加完善，从而大幅度提高教育管理的效率；第二，将管理者和操作者的职能进行明确的划分，管理者负责研究、计划、调查、训练、领导、指挥、协调和控制操作者的工作，操作者要绝对服从管理者的分工和指令，不可随意操作；第三，尽可能减少非必要的操作动作的种类、数量和方向变化，缩短劳动时间，减轻操作内耗，从而在同等长度的劳动时间内，获取最大的劳动效率；第四，对员工实行严格的任用和升迁制度，一切按照员工的实际工作能力和取得的成绩进行，与此同时，还要建立对应的奖励制度，以此来激发员工的工作热情和潜能，切实提高员工的工作效率，最终使广大员工对工作充满积极性、充分发挥出自己的创造力；第五，要严格要求管理者的素质，使管理者具备合格的专业素质，以保证工作的正常进行。

我们必须承认，科学管理观念对管理界具有意义重大的影响，人们至今仍在采用其中的一些原则和方法。但是我们也要注意到，在我国管理界中存在着一些问题，如有的人还是从字面上来对“科学管理”进行理解，常常将其和现代化管理弄混，因此有时一些人还会在我国城市教育管理模式建设中倡导“科学管理”的观念。

二、城市教育服务管理的基本特点

城市教育在我国教育体系中具有先导意义，是其中的主要部分。随着改革开放的开展，我国的城市规模和布局都发生了巨大的变化，城市的功能也得到了进一步拓展。鉴于城市教育在国家教育体系中所处的地位，推进城市教育改革、深化发展将有利于城市自身的发展及辐射周边地区的经济建设和社会发展，最终也将对整个国家教育的发展和社会主义现代化建设产生深远影响。从国外发达国家看，城市教育已有几百年的历史，在我国由于现代城市发端比较晚，受之影响城市教育起步也远迟于西方。城市教育的提法主要是相对于农村教育而言，因其受城市地域及综合环境的影响表现出一些独有的特征。

（一）城市教育布局具有集中性

教育布局结构指的是在数量、地理等层面上教育资源的分布情况，简单来说，就是将学校建立在哪些位置，以及建设的数量是多少。其中，教育资源又可以分为三个方面：财力、物力和人力。但是，教育布局也会受到一些因素的影响，如该地区的人口数量的变化及当地经济发展的程度等，因此我们需要对教育布局不断地进行调整，使其能够保持相对稳定的状态。我国农村地区因为有着较为分散的村落布局，所以其教育布局也呈现出较为分散的特点。而城市的教育布局则恰好相反，城市布局非常紧凑，所以教育布局也较为集中。这种集中的教育分布模式使城市中的青少年儿童能够更加方便地接受教育，同时也能满足成人接受继续教育的需要。

此外，城市教育布局还有诸多优势。首先，集中的教育布局使人们能够更方便快捷地接收各类教育信息，能够拥有更多的受教育机会，这对打造开放、民主的办学格局有着重要意义。其次，集中的城市教育布局能够充分发挥出城市教育的整体效益，实现城市中的各类学校教育资源的共享。尤其是随着城市开始推行教育综合改革，所有的学校和社区都开始进行互动，社区可以享用附近学校的一些教育资源，而且学校则可以使用社区的场所来让学生进行课外实践等。

由上可得，我们可以发现城市的集中性教育布局具有很多优势，但是这种布局也随着社会的发展暴露出了一些问题。城市教育资源的集中，会影响城市周边地区教育的发展，造成城市周边地区学校的教师流失问题。因此，教育布局是否合理会对教育资源能否充分利用产生重要的影响，这关系到我们能否满足人们的教育需求。我们要为城市设计合理的教育布局，使其对社会的发展起到良好的促进作用。我们要格外重视对城市教育布局的研究，探究城市的教育布局与社会经济、人文等方面存在的关系，使教育成为社会发展的重要推动力量。

（二）城市教育水平具有先进性

目前来看，世界各地的城市教育水平都比农村教育水平要高出很多。进入近现代以后，城市经济开始快速发展，使城市获得了非常丰富的资源，最终呈现出城市发展水平比农村发展水平明显高出许多的发展状况，因此城市的教育水平也比农村高出很多。相较于农村，城市教育水平具有很强的先进性，具体体现在以下几点：

第一，城市经济发展要比农村要快很多，而教育的建设需要大量资金的投入，因此城市在教育中投入的资金要比农村多出很多。此外，城市中有着大量能够从事教育的人才，因此城市教育的人力资源也比农村丰富得多。同时，相较于农村居民，城市居民的文化素质普遍较高，更加重视对子女教育的投资，所以有着更高的教育需求，而需求会对教育的发展起到重要的推动作用。

第二，与农村教育相比，城市教育的教学水平更高。城市中的学校有着更优越的师资力量，同时城市学校中的教师也比农村教师更能接触和吸收新的教育理论和教育技术，还能有更多的机会去参加各种培训和交流，实现自我提升。

第三，与农村教育相比，城市教育的技术手段更加现代化，因此教学效率也更高。城市教育将多媒体技术、互联网技术等教学手段引入教育中，极大程度上扩展了师生接收教育信息的途径，所以使得城市教育所包含的信息量要比农村教育多出很多。城市教育系统具有受教育人口密度高、学习需求多样化、财政投入充足、学习费用较高等特点，同时还具有较强的吸纳从业人员的能力，并能从多种渠道筹措教育经费。与农村教育相比，城市教育应该不断完善自身的教育体系，使人们能够进行终身学习，培养出大量的人才，以此来构建学习化社会。

（三）城市教育结构具有复杂性

城市教育结构指的是城市各级各类教育和教学机构按照一定的规律及原则所确立的有机组合及相互关系的总和。与农村教育相比，城市教育结构具有一定的复杂性。因为城市教育结构主要是为城市中的市民服务的，这些市民比农村居民具备更高的文化素养，因此也会有更高层次和更多样化的教育需求，这就使城市教育具有普及性、多样性和高层次性的特点。城市教育结构不仅要能够满足市民对基础知识教育、形成基本素养的需求，同时也要满足市民多样化的学习需求、接受高层次知识教育及职业教育的需求。

城市教育结构的复杂性还要求城市教育要与时俱进，不能墨守成规，城市教育要根据社会经济和科技的发展与进步而做出相应的改变。当前，人们已经进入了一个信息化时代和学习化社会，这使城市教育的结构需要进行调整以适应新时代背景下人们新的教育需求。因为城市不同区域有着不同的发展水平，所以各城市间和城市内部的教育呈现出发展不平衡的状态，各城市的教育结构需要进行不断的调整。近年来，教育事业的发展大大提高了我国各行业劳动力的学历水平及专业人才所占的比重。然而，因为我国人口基数较大，并且教育基础较为薄弱，所以我国总体的人才结构学历仍处于较低的层次，并且也呈现出不均衡的发展状态。但是随着社会经济的发展，城市开始需要多样化的人才类型。相关的调查显示，我国不同行业中都对人才有着大量的需求，不仅需要高层次的创新型人才及领导管理人才，还需要各种技术型人才和操作型人才。目前，我国主要需要以下三类人才来促进城市的发展。

第一，高层次的创新管理人才。这类人才包括科学工作者、工程师等专业人才，他们可以开发新的生产技术、工艺及新的产品，以及组织和领导生产过程等。目前，我国工业企业中的这类人才在专业技术人员中的占比为 10 %～30 %。随着社会经济的发展和科技的进步，我国需要更多这样的人才，他们在我国工业企业中的数量占比应更多。

第二，各类技术型人才。这类人才包括生产第一线值班工程师和各类技术员等，他们主要负责生产实践过程中的技术运用。我国当前的教育结构中仍缺乏对这类人才的培养，这使我国大量的先进技术只能停留于理论，而无法投入生产实践过程中，同时也会对引进的国外先进科学技术的消化吸收和发展产生至关重要的影响。这类人才在企业工业技术人员中占据 70 %～90 %，会直接参与到生产过程中，指导生产过程的运行。

第三，各类生产操作人才。按照知识能力，这类人才可以细分为熟练技术人才、技能型操作人才和智能型操作人才三种。其中，熟练技术人才一般会在就职前经过短期的职业培训；技能型操作人才还包括单项技能操作人才和多项技能操作人才两类，通常都是专门的技术学校培养出来的；智能型操作人才通常是经过岗位培训的中专毕业生或者经过高等职业技术教育和培训的学生。为了促进我国工业的发展，我们要格外重视这一层次人才的培养。由此可得，我们必须根据城市经济和社会发展的需要来对城市教育结构进行调整，使其能够为社会各行业输送优秀的人才。

对城市教育结构复杂性的强调是为了让我们能够更加了解城市教育的结构，以便对其进行科学、合理地调整，使之能够适应城市各方面的发展。我们要保证城市的教育结构能够适应城市的生产力水平及社会的未来的发展目标。

（四）城市教育功能具有辐射性

城市是现代社会的中心，在政治、经济、文化、教育等方面都具有各种优势及较强的辐射性，能够促进社会的发展。一方面，城市中汇集了多方面的资源，生产力水平较高，为城市的发展提供了基础条件；另一方面，城市能将自己所具有的力量辐射到周边地区，不仅能为周边地区带来丰富的教育资源，还能向周边地区传递先进的教学理念和教学方法，以此来带动周边地区教育的发展。此外，城市教育还能为周边地区传输更多的教育人才，不仅能促进教育的发展，还能带动教育相关产业的发展。现代社会，人们开始将生产、学习和研究结合在一起，将教育资源转化为一种社会生产力，以此来推动城市的发展。与此同时，城市教育中所蕴含的教育理念和文化理念也会对周边地区的教育产生积极的影响。

要想充分发挥出城市教育的辐射功能，需要贯彻落实目前正在推行的城市教育改革举措。根据“城乡一体化”的趋势和区域经济发展的需要，城市教育综合改革要统筹中心城市所辖农村、经济开发区的人才需求，统一规划中等职业教育以上的人才培养和学校、专业布局，以中心城市为依托，城乡统筹，以市带县，发挥城市的辐射功能，提高整个区域的教育水平。要通过选派教师、培训农村教师、城乡共建、对口帮扶等行之有效的方式，发挥城市人才、智力等方面优势，提高农村学校的教育质量和管理水平，促进农村中等职业教育的发展，为农村培养用得上、留得住、符合农村经济和农村工作需要的各类初、中级人才。

（五）城市教育实施具有系统性

城市教育的实施系统包括纵向的学年教育和横向的专业职业教育两个维度。从纵向维度来看，城市教育的实施机构包括从幼儿教育一直到高等教育中的各级教育机构，具体包括幼儿教育机构、初中教育机构、高中教育机构及高等教育机构，此外还有一些继续教育机构也包含在内。从横向维度来看，城市教育的实施机构可以分为普通教育机构、专业教育机构、职业技术教育机构等。城市教育的实施具有较强的系统性，可以满足现代学校设置的需求，不仅能够使城市居民能够通过普通教育来学习基础科学文化知识，同时也能使城市居民通过多样化的专业和职业技术教育来学习职业技术知识，以此来提升自身的专业技术水平。城市教育的实施具有系统性，不仅能够让城市良好地运行和发展，同时也能提供各种教育机构来满足人们日益增长的多样化教育需求。

目前，我国仍在进行城市教育的综合改革，正在逐步完善城市教育的实施系统。因为我国各个城市仍存在区域发展不平衡的情况，所以很多城市并没有设置系统的教育机构，我们需要对这种情况提出相应的解决措施，使其能够得到进一步的完善，并且随着城市化水平的提高而形成更加系统的教育系统。

三、现代城市教育管理的职能、原则和方法

（一）现代城市教育管理的基本职能

1. 规划和计划职能

教育规划职能是城市教育管理中最重要的职能之一，也是国民经济和社会发展不能缺少的一部分，具体指的是根据人口情况，采取科学预测的方法来对各级

各类教育教学机构的发展进行规划，对其发展规模和发展速度进行指导和控制，并对国民教育结构进行科学合理的规划和构建，以此来实现全民科学文化素质的提高，并为社会提供大量的专业人才，最终完成该时期的国民教育任务的职能。为了能够实现该项职能，要对教育情况进行预测，并根据预测的结果来调整教育策略，并制作相应的计划任务书来指导教育管理。在城市教育管理中，教育规划是非常重要的组成内容，各级各类学校应该将其作为依据来开展各项教学管理活动。要想真正做好现代城市的教育管理工作，就必须提前做好相应的城市教育管理规划。

2. 组织职能

城市教育管理的第二项重要的职能是组织职能。组织职能具体又分为两方面的工作内容：一方面是指教育行政当局组建、创办和扩充各级各类教育教学机构并使之在布局、规模、发展速度和结构上合理化；另一方面是指各级各类教育教学单位在组织师资、组织生源、组织资财和组织教学活动等方面的管理工作。组织职能在城市教育管理职能中属于基础性的职能，发挥着基础性的作用。如果该职能没有正常发挥作用，那么就无法正常开展各项教学管理工作，更无法实现城市教育管理的各项任务。此外，要想创建科学合理的城市教育管理体制，也必须依靠城市教育管理的组织职能，以此来合理配置城市中的各种丰富的教育资源。

3. 指挥职能

指挥职能属于城市教育管理职能中的意象常规性职能，指的是指导城市各级教育机构的日常教学工作和教学目标的执行情况的职能，通过对教学机构及其内部人员的教学工作进行指导，使各级教育机构都能按照教学规划所设定的目标来完成教学任务。指挥职能的核心是要按照教育规划所制定的教学目标，将各个教学机构按照一定的序列和层次连接起来，使其成为一个有目标、有层次、有组织、高效能的指挥系统，从而准确地将上层的教育决策和教育指示传达给各级教育机构，以此来保证各教学机构的内部成员能够按照教学规划来履行自身的职责、完成教学任务。

4. 协调职能

协调职能是城市教育管理的所有职能中的最具综合性和整体性的一项职能，

具体指的是协调城市中的各级教育机构的各项教育活动，使这些教育机构能够相互配合，共同实现教育规划所制定的教育目标。协调职能的核心是促进各教育机构的信息沟通和联系，使城市教育呈现出平衡的发展状态。协调职能可以具体划分为垂直协调和水平协调或者内部协调和外部协调几个方面。这些协调都会带有一定的行政性质，但是这与指挥职能并不相同，两者的区别在于，指挥职能具有强制性，但协调职能更加温和，主要通过沟通和协商的方式来实现。

5. 控制职能

控制职能就是监督和控制城市教育的总体活动及城市各级教育机构的具体教育活动，使其按照既定的教育规划开展，如果发现其活动和教育规划的教学目标存在偏差，就要及时地对其进行分析，找出发生偏差的原因，并采取合理的手段对其进行纠正，以此来确保教育目标的顺利实现。控制职能可以分为三道执行程序，分别为：第一，对各级教育机构的实际教学活动进行观察；第二，比较实际的教学活动和规划的目标之间存在的差距；第三，找出存在差距的原因并采取必要的手段进行纠正。为了保证控制职能能够有效发挥出来，教学管理活动必须满足以下三个基本条件：第一，树立明确的教学标准；第二，及时、准确地传递所得信息；第三，实施有效的手段进行纠偏。

（二）现代城市教育管理的基本原则

原则指的是人们开展某项活动时所使用的原理及遵循的规则，而基本原则是其中具有普遍意义且较为简单的原则。我国城市教育管理开展各项教育工作时通常需要遵循以下四条基本原则：

1. 充分尊重客观规律的原则

众所周知，人们的生产和生活中都需要尊重客观规律，城市教育管理也是如此。但是不同学者对于城市教育管理应遵循哪些客观规律这个问题却存在着不同的见解。根据上文中对教育管理特点的分析，我们可以将教育规律、经济规律及社会发展规律作为城市教育管理应遵循的三大客观规律。

教育规律是人们能够普遍理解并接受的一项客观原则，其中主要包括以下五方面的内容：第一，教育要服务于人类社会的经济建设和社会发展；第二，教育过程中要对知识和人才保持尊重；第三，因为教育需要花费较长的时间来进行，并且见效较慢，所以教育的效果不能用短期培养的人才数量来评判，而应该将其视为一项社会构成，将成效的评价交给后人来做；第四，教育需要较高的经济投入，但是却无法立即产生回报，但是教育所创造出的人才对于社会是一笔巨大的财富；第五，教育是一个循序渐进的过程，需要不同的阶段，而非一蹴而就的。在开展城市教育管理工作时，我们必须要充分尊重以上教育规律。

社会发展规律可以用于所有的社会活动，城市教育活动也不例外。社会发展规律中包括上层建筑一定要适应经济基础的规律、社会发展螺旋式上升的规律等。

2. 以人为中心的管理原则

在自发阶段及经验管理阶段中，城市教育管理实行的原则是以人为中心，但并非管理者主动采取的自觉行为，而是一种自然形成的被动模式，同时这两个阶段中的以人为中心的管理原则也没有形成系统的理论。此外，这两个阶段的以人为中心主要是将管理者作为中心。科学管理思想是 19 世纪末开始出现的，并在 20 世纪 20 年代后开始在世界范围内广泛流行。虽然该思想在一些方面取得了一定进步，但是在核心理念上仍然存在明显的不足，那就是该思想对于组织和纪律的功能进行了过分强调，但是却忽视了管理应该秉持以人为中心的理念，而非对人进行机械化的管理。从 20 世纪 40 年代开始，管理学领域中的一些学者开始意识到管理应该以人为中心，并且要将人在管理过程中具有的作用发挥出来，这样才能真正提高管理的效果和效率。莉莲・穆勒・吉尔布雷斯被人们称为“管理第一夫人”，她曾经在自己的著作《管理心理学》中首次提出了人的情绪对工作效率存在影响的观点。在此之后，切斯特・巴纳德、赫伯特・西蒙等人将莉莲・穆勒・吉尔布雷斯的理论作为依据展开了相关的研究，并对实验的结果进行了分析和总结，建立起了真正以人为中心的现代管理理论。从 20 世纪 60 年代开始，人们将现代管理理论进行了丰富和改进，并用它取代了先前的科学管理理论。现代管理理论的内容非常丰富，以人为中心的管理原则是该理论的核心内容，同时也是该理论得以成立的重要基础。我们在进行城市教育时，要始终坚持这一原则。此时的“人”指的是城市教育中的管理者与被管理者、教育者和受教育者。我们要将管理过程中人的积极因素充分发挥出来，共同努力，实现现代城市教育的目标。

3. 效益原则

所有领域中的管理工作都必须遵循效益原则。效益原则主要包括两方面的内容：第一，要在管理工作中投入较少的资源（如人力资源、物力资源和财力资源等）而获得较多的管理成果，在城市教育管理中的，成果包括培养大量优秀人才、提高全民文化素质及完善教育体系等方面的内容；第二，要高度统一管理者与被管理者的思想，让该系统中的每一个参与者都努力提高自身的劳动效率，减少不必要的劳动，压缩教育成本，使单位时间内的劳动质量大大提升，让每个人都能自觉地采取行动。

效益原则在教育管理上有着至关重要的作用。例如，有的教师会在课前将教材和指导书仔仔细细地抄录下来，并在课堂上将抄录的这些内容一字不落讲给学生，学生原本能够轻松理解的内容，教师可能会花费很长的时间来讲，这样不仅会浪费大量的教学时间，并且也不会取得好的教学效果，这种就属于高投入、低产出的教学模式，违背了教学管理的效益原则。此外，有些教师虽然具有坚实的知识体系及演讲才能，但是在课堂上可能会说太多与学习毫无关系的废话和空话，虽然这种课堂模式可能会受到学生的喜欢，但是却会使教学效率大大降低，原本一节课就能讲完的内容可能需要几节课才能完成，这也是违背教学管理的效益原则的行为。而那些真正优秀的教师会在课前首先根据教学大纲的总体要求来对课本内容进行分析，其次查找相关的教学资料对课本内容进行补充或者辅助说明，在此基础上进行备课；在课堂上，这些教师并不会花费宝贵的课堂时间来给学生讲一些无用的话，而是针对本节课的目标来展开详细具体的知识讲解，使学生在课堂上获益匪浅，被教师的博学多才所折服，从而产生更加高涨的学习热情和学习积极性，这种课堂就属于现代化的高效教学模式。

效益原则要求管理者要尽量减少教育工作的复杂层次，并对管理机构和相关人员进行精简，让被管理者能够积极主动、自觉高效地完成管理任务和管理目标。

4. 竞争和协调原则

竞争对于事物的发展具有重要的作用，世间万物总是在竞争中前进和发展的。竞争和协调是两个相对的概念，事物要达到稳定状态需要从竞争状态进入协调状态，而协调也会使竞争处于一种有序的状态，从而促进事物的发展。在城市教育管理中，我们要合理运用竞争和协调的原则，让各类学校及个人之间进行合理的竞争，同时也要让他们互相协助，共同进步。在竞争和协调原则的作用下，城市教育格局会更加开放，取得更好的发展效果。

竞争原则具体包括两方面的内容：第一，城市教育管理机构的领导者要鼓励各教育机构间进行合理的竞争，使这些机构能够在竞争中提高各自的教学效果，努力提升机构中全员的文化素养，使教育能够更好地发展；第二，城市教育管理机构的领导者要将竞争意识引入日常的教学活动中，使各机构的成员共同努力，在竞争中争创一流。

协调原则也包括两方面的内容：第一，竞争的结果无非是成功或者失败，但是这不代表竞争者没有具备任何优势，事实上，只要我们对竞争中的偶然失败者提供支持和帮助，他们就可以重新赢得竞争的成功，所以各管理层的领导要及时对竞争的情况进行协调，鼓励暂时的失败者，使其重获信心；第二，要想在激烈的竞争中取得胜利，竞争者需要有强大的实力及应变能力，所以城市教育的管理者要及时地发挥自己的协调能力，对一些教学单位进行重新组合，并且重新配置教学资源，使竞争能够处于较为协调的状态。

以上四项原则既可以在城市教育管理过程中单独进行使用，也可以综合起来运用。我们在改革如今的城市教育管理体制时，要始终遵循以上四条原则，并在实际操作过程中加以运用，使城市教育管理能够取得较好的改革效果。

（三）现代城市教育管理的基本方法

基本方法指的是在进行城市教育管理过程中采取的较为普遍的一般性方法，针对的是所有的教育单位，而非个别的教育单位。基本方法是依据城市教育管理的对象、任务、特点及职能和原则来确定的。不同的城市有着不同的教育特点及对应的教育需求，而城市教育管理的基本方法能够根据这些不同的需求而提供具有一定针对性和可操作性的措施。

1. 城市教育预测及规划

教育预测指的是运用各种技术来预测一个国家或者地区的教育发展状况，其中能够为预测提供参考的内容包括很多方面，如该国家或者地区的经济、政治、人口的现状及发展势态，以此来判断其教育的未来发展趋向，并将其作为依据来制定教育的发展规划。城市教育预测则是指对城市的教育发展趋势进行预测。要想取得较为准确的预测结果，首先要选择正确的参考系，其次还要使用正确的方法进行预测。

首先是要选择正确的参考系。参考系中不仅要包括教育的状况，还要考虑好相关的因素。教育状况主要包括城市教育管理的现状、规模和发展速度等方面的内容，以及教育布局的情况还有教育管理的水平等内容。相关因素是指那些能够影响城市经济结构、经济规模、产业结构、人口数量、人才需求、科技发展等方面的因素，这些因素会在极大程度上影响城市教育预测结果，进而影响对城市教育管理的规划，最终影响城市教育管理的未来发展。需要我们注意的一点是，在选择这两个参考系时要对其中的主要内容进行踩点，所踩的点要涵盖该内容的过去、现在和将来三方面的状态点。如果参考系选取得不够准确，就会使教育预测失去可信度，哪怕采取的预测方法再科学，也无法对教育的发展趋势进行准确的预测；反过来也是如此，如果选择的参考系较为准确，但是没有选择科学的预测方法，那么也无法得出准确的教育预测结果。

2. 城市教育日常管理法

城市教育管理职能主要分为城市教育的计划管理、城市教育的组织管理、城市教育的决策指挥管理及城市教育的协调控制管理四个方面。不同的管理职能所采用的管理方法也不尽相同，具体如下。

计划管理职能可采用的管理方法包括图表法、检查法、反馈法等。

组织管理职能可采用的管理方法包括直线制模式、矩阵制模式、模拟分散制模式等，来对城市教育的组织目标进行管理。

决策指挥管理职能可采用的管理方法包括确定型决策法、非确定型决策法及风险型决策法等。

协调控制管理职能可采用的管理方法包括对话法、激励法、惩罚式法、反馈法等。

3. 城市教育评估和诊断法

（1）城市教育评估。教育评估指的是对一个国家或地区的教育活动及教育效果进行评估的过程。在进行教育评估时，要将该国家或地区的教育策略和教育目标作为评估的依据，采取各种科学的方法，对其开展的教育活动和取得的教育效果进行综合性评判。城市教育评估就是对城市范围内的教育活动和教育效果进行评估。教育评估可以按照不同的标准进行划分：如果将教育评估按照评估的范围来划分，可以将其分为国民教育总体评估、城市和地区教育评估、教育教学单位的教育评估；如果将教育评估按照对象的层次来划分，可以将其分为大学教育评估、中学教育评估、小学教育评估和幼儿教育评估；如果将教育评估按照评估的内容来划分，可以将其分为教育投资评估、生源评估、师资评估、后勤服务评估和学生素质评估等；如果将教育评估按照教育的种类结构来划分，则可以将其分为常规教育评估、职业教育评估、素质教育评估和终身教育评估等。

城市教育评估的工作量较大，我们需要非常严肃地对待该项工作，要秉持客观公正的态度，遵循各项基本原则，采取正确的评估方法（如定性分析法和定量分析法），在评估的过程中对城市教育状况进行分析，找出城市教育中的各教育单位间存在的差距，以评估来促进城市教育的发展。

目前，我国还没有制定统一的城市教育评估的方法，我们可以先按照以下步骤来进行城市教育的评估。

第一，我们首先要明确评估对象所属的类型，也就是按照上文中划分方法来判断要评估对象所属的类型，以此来确定评估对象应该选取的时间、空间和内容。在进行城市教育评估时不能缺少这一步骤，这是因为不同的评估对象具有不同的范围和内容，所选取的评估时间也是不同的，所以要根据其所属类型来确定最合适的评估方法，以此来确保评估结果的准确性。

第二，我们要制定科学、规范、合理的评价指标体系。针对不同类型的评估对象，我们需要选取对应的指标来对其结果进行衡量。评估指标体系中的指标具有一定的灵活性，既可以是预先设定好的，也可以根据评估对象的情况进行调整，但是这些指标都需要根据一定的依据来设定，而不能随意选择。评价指标系统可以分为纲领性指标系统、业务指标系统、管理指标系统、创收指标系统及社会评价指标系统这五个低一层次的系统。其中，纲领性指标系统是指教育单位所开展的教学活动的总体规划和指导思想，以及各阶段所制定的教育目标；业务指标系统是指教育单位开展的教学活动所取得的实际效果；管理指标系统是指教育单位的校园建设、组织体制、人员素质及投资效果等方面的内容；创收指标系统是指教育单位的科学研究成果和兼职收入等；社会评价指标系统是指社会各界及受教育者对该教育单位做出的评价。由以上部分组成的系统是一个非常完善的城市教育评价指标系统，我们可以通过这种方式来对不同的教育单位的教育活动和教学效果进行评估。我们在采用该指标系统对各个教育单位进行教育评估时，可以舍弃掉其中一些无关的指标，着重考虑那些与所评估的教育单位关系非常密切的指标。

第三，有了科学的评价指标体系之后，我们还要选择正确的评估方法。目前，我国的教育评估方法主要包括主观测验法、客观测验法、答辩法和问卷法等。主观测验法指的是为评估对象设定一定的要求和指标，使其按照这些要求和指标进行自我评估的方法，如工作小结，工作汇报总结等；客观测验法就是让除评估对象外的相关人员来回答设定好的评估问题，以此来获得较为客观的评估参考结果的方法；答辩法是采用当场对答的方式，让评估对象回答一些难度较大的评估问题，评价者对其回答进行评分的方法；问卷法是采用答写问卷的形式，让评估对象填写相关专家设计的评估表，并由评价者对其答卷进行评分的方法。在进行教育评估时，可以对以上方法进行综合运用，确保评价结果的准确性。

第四，我们还要对评估结果进行检验、复查和修正，并根据专业人士给出的意见来做出最终的评价。这一步骤可以采取随机抽样法、重复测验法、专家意见法等具体方法来进行。

（2）城市教育诊断。教育诊断是依照教育评估的结果，发现评估对象所开展的教育活动与评估目标之间存在的差距及问题，分析产生这些差距和问题的具体原因，并制定相应的对策来改善以上问题。城市教育诊断可以采取自我诊断法、客观诊断法及专家诊断法等方法进行。其中，自我诊断法是指评估者对自己的教学活动中存在的问题进行诊断；客观诊断法是让被评估人以外的人员对被评估者的教学活动中存在的问题进行诊断。

四、城市教育服务管理对象的特点

现代城市教育的对象既包含青少年和儿童，也包含成年人和老年人。所以，当我们对城市教育对象的特点进行研究时应该从狭窄的儿童、青少年范围扩大至整个人的各个发展阶段。根据人在不同发展阶段的特点，其研究的领域主要为生理和心理科学。这里我们对其研究的过程不再赘述，只对其成果进行阐述分析。

（一）城市幼儿的主要特点

三岁到六七岁的年龄阶段在我国被称为幼儿期。这个阶段，幼儿要被送到幼儿园接受专门的幼儿教育，因为这个阶段的教育也是为了之后进入小学接受学校教育做准备，所以也称为“学前期”。

1. 幼儿期儿童身心发展的基本矛盾

进入幼儿期，也就预示着儿童有了参加社会生活活动的需求。在这个阶段，儿童逐渐地接触社会，渐渐走进社会化，所以为了社会化的成长之路顺利进行，不走弯路，家长就要及时地将自己的孩子送进幼儿园接受教育。

在幼儿期，儿童的发展水平有限，因此他们没有足够的知识和能力，但是这个阶段的儿童参与社会活动的动机比较强烈，这就和他们实际有限的知识和能力水平相矛盾，这些知识和水平不足以支撑他们去进行更高水平的社会活动，这也是幼儿期儿童身心发展的基本矛盾。为了解决基本矛盾，最常采取的方式就是让儿童学习、参加劳动和游戏活动。

幼儿参与游戏和学习及劳动活动都属于有目的的社会性活动。这些活动都要根据幼儿的身心发展规律来设计。其中，为幼儿设计的劳动活动常常会以游戏的方式进行。幼儿的劳动活动和一般的劳动活动有很大的区别，这些劳动并没有创造物质财富，也不具有义务性和强制性，而是具有自己的特殊性。比较常见的幼儿劳动活动如下：让儿童自己穿衣服、自己洗手洗脸、收拾玩具等，这些属于自我服务类型的劳动；打扫房间、擦桌子椅子、收拾餐具等，这些属于家庭或者幼儿园布置的值日生劳动；另外，纸工、自己制作简单的玩具、拔草、给植物浇水、捉虫、照顾小动物等，这些属于生产劳动活动。这些劳动活动可以帮助促进儿童的身心发展，提升幼儿的体力、智力，促进其个性品质的发展。因此，不同形式的游戏活动要作为幼儿教育的主要内容和方式。

幼儿期，儿童有能力进行一些学习活动，同时适当的学习活动对幼儿也是有必要的，常见的幼儿学习活动，如讲故事、听音乐、学说话、美工、简单地算数等。但是要注意的是，幼儿的学习并没有社会义务性，和中小学的正规学习活动有着原则上的区别。国内外对于幼儿是否应该学习基础的文化知识一直存在争论。第二次世界大战之后，世界兴起了早期教育的思想，人们开始加倍关注幼儿的智力发展和学习活动。有的人认为，幼儿期是人一生中学习发展的最关键时期，甚至还会影响到后续的人生学习发展，如果错过这个最佳的学习时期就再也无法弥补；也有人对幼儿期的学习发展的潜力持认可态度，但是认为不应该过分强调这个潜力，认为将幼儿期的学习当成决定人生发展的关键因素是一种过于绝对的看法。不可否认的是，如果过分看重幼儿期的发展潜力，为了今后的发展而给儿童布置超过他们认知能力的学习和训练任务，小小年龄就开始背负繁重的课业，牺牲他们童年的美好时光，无疑是一种揠苗助长的行为，甚至还产生危害。要根据幼儿的身心发展规律，适当地给他们布置一些识数、计数、认识简单汉字等学习任务是可行的，也是有意义的。

2. 幼儿期儿童的心理发展特点

幼儿期的儿童心理发展的特点是：幼儿的各种心理过程明显地表现出具体性和不随意性（不稳定性），抽象概括和随意性（稳定性）才刚刚开始发展。

在身体生长方面，神经系统的发展最为关键，这是幼儿认知、情感和意识发展的生理基础。生理科学研究表明：在一般的生活条件和教育的影响下，幼儿的身体生长很快，其中幼儿的神经系统也会很快发展。当幼儿生长到 3 岁时，其大脑的重量可以达到 1 101 克，直到 7 岁，幼儿的大脑能够达到 1 280 克，这个重量和成年人的大脑重量十分接近；在 5～6 岁时，幼儿的大脑进入了快速发展时期，虽然和成年人的水平还有一定差距，但是也已经发展得十分成熟。幼儿阶段，儿童的神经纤维在不断增加长度，同时也会生长出更多的分支，神经纤维髓鞘化过程基本完成。神经纤维的发展成熟有利于神经暂时联系的形成，让神经在传导方面更加迅速和精确。幼儿时期，儿童的高级神经活动也在不断加强其兴奋和抑制的机能，这也促进了第二信号系统的发展。人类的第一信号系统属于声、光、电等的具体刺激，幼儿最开始只依靠第一信号系统去感知外界，随着第二信号系统的发展完善，幼儿就有能力依靠语言认知一些不能靠感知出来的事物，有能力自我调节和控制。

当然，虽然幼儿期的儿童其神经系统的发展十分迅速，已经可以接收各种功能运转，但是其发展的水平还是不够完善的，幼儿的大脑额叶区还不成熟，正在完善发展阶段，同时第二信号系统也不发达，占主导地位的还是第一信号系统，因此其思维过程带有具体性。幼儿对周边事物的认识还处于表象的认知阶段，只能依靠事物的表象和一些简单低级的概念来掌握新的事物，因此都是直观地观察了解事物。虽然幼儿已经开始有意识地控制和调节自己的行为，但是这种能力的水平还比较低，如果外界有一个更加吸引他们的新鲜有趣的事物来影响他们，他们就会受到这个事物的影响从而改变自己的行为。因此，为了提高幼儿的注意力，尽量延长他们接受教育的时间，就要选择一些更能吸引幼儿的生动活泼的、具有具体形象的兴趣来教育他们，同时这些活动的选择也要适应幼儿的体力，这样就能在适当的情况下促进幼儿的成长，让幼儿的心理过程由原本的具体性、不随意性向着抽象概括性和随意性发展，逐渐加重抽象概括性和随意性的教育，这样幼儿才能提早为进入小学教育做好准备。

当儿童进入幼儿阶段也就是进入十分重要的语言发展阶段。幼儿的大脑结构正在发展完善，并且第二信号系统的功能也在不断发展，这些都有利于今后他们的语言发展。在对幼儿进行教育的过程中，要增加他们在游戏、学习和劳动生活中的交往能力，并且对他们的语言和语言的表达能力有意识地引导发展，让他们在玩中学，增加幼儿的词汇量，并且不仅要在数量上扩大词语类型，还要尽可能多地丰富词语的内涵；引导幼儿认识一些简单的语法结构，并且能运用新的语法结构，这样就能提高他们的语言表达能力，促进幼儿从有声语言向着无声语言过渡。

3. 幼儿期是儿童个性开始形成的时期

个体比较稳定的心理特征就是个性。人的个性主要表现在性格和能力上。个性并不是天生的，是依靠后天的影响逐步形成的，包括生活条件和教育的影响。

当儿童进入幼儿期，就要开始接受幼儿园的教育，进入幼儿园的集体生活，会与之前的家庭生活产生很大的变化。在幼儿期，家长和幼儿园的老师会对幼儿提出新的要求，其目的是增加幼儿的独立性，并且培养他们的目的性，要教育幼儿表现出为实现较远目标的行为，调整和控制自己逐渐学会服从家长和老师及集体的要求，增加行为的自觉性，减少盲目的冲动。这些发展的倾向和表现，说明幼儿正在开始形成自己的个性。我国由于社会和历史原因，当前的城市幼儿大部分是独生子女，这种家庭环境对幼儿的个性成长和发展既有利又有弊。

在幼儿的个性形成和发展中，其自我意识的能力的发展特别是关于道德行为方面对其有着十分重要的作用。当儿童进入幼儿初期，这个阶段他们还不能对自己和他人的行为有自己独立的评价，随着幼儿接受教育，再加上大脑的不断发展完善，幼儿的独立性也在不断增加，发展到幼儿晚期，幼儿已经能对自己和他人的行为做出明显的独立见解，并持有批判的态度。但是这种见解和态度只停留在表面，评价也比较笼统，并没有深入和升华到本质，对行为的内心状态和道德品质方面没有做出评价。在对幼儿的行为进行评价的时候，教育者要注意评价要符合幼儿的自我意识能力水平，过高或者过低评价幼儿的行为会让他们过于自信或者失去信心。

虽然在幼儿时期的儿童在道德行为观念和判断是非善恶的能力上有一定的表现，但是这些表现并不成熟，属于初级的表现，这时期的儿童只是因为对这些人和事物及行为感兴趣，没有一个明确而深入的道德意识和道德观念，对某件事或行为只是带有具体和形象性的判断。因此，在对幼儿进行道德教育的时候要尽量用形象的和具体的判断去影响他们，那些比较抽象的道德概念不适合幼儿，更不能对着一个幼儿去做这方面的说教，因为这是行不通的，要用具体形象的案例，如可以采用故事、歌曲或者游戏等幼儿乐于接受的方式去培养他们的道德观念。

（二）城市儿童的主要特点

人类成长到六七岁至十一二岁的阶段就到了儿童期。儿童期的特点主要有以下几个方面。

1. 以系统的正规学习活动为主导活动

进入儿童期，儿童的生活发生了一个重要且关键的变化和转折，那就是儿童要开启正规的学校生活。在学校系统地学习科学文化知识成为儿童生活中主要的也是具有主导性的活动。儿童在这个阶段的学校生活是十分有必要的，让这个阶段的他们掌握基础文化科学知识、技能技巧和行为规范不仅有利于社会的发展和进步，也是儿童对社会应尽的义务和责任。儿童的小学文化生活和成年人的物质生产劳动和科学实践活动都具有一样的社会意义。

进入小学之后，儿童需要在教师的指导下对科学文化知识、技能技巧和行为规范进行有目的有计划的学习与掌握。儿童期的学习和幼儿期的学习不同，和青少年时期的学习也不相同。当儿童处于幼儿阶段时，幼儿的学习并不是他们的主导活动，幼儿进行学习并不是义务性的，也没有给幼儿设置要他们必须要有学习的责任感，但是到了儿童阶段，学习却是必需的了，是儿童必须对社会承担的义务，因此具有强制性，小学教育就处于九年义务教育中。由于儿童和青少年的身心发展阶段有各自不同的特点，因此在小学阶段，儿童的任务是掌握读、写、算的基本知识、技能技巧和最基本的行为规范，到了中学阶段，学生的学习任务就是掌握具有一定科学体系的有关自然、社会和思维的基础知识，更重要的是根据学习的知识形成自己的世界观、道德观和人生观。小学阶段，儿童要积极参加各种校内外有益的劳动，这样有利于培养他们热爱劳动、尊重劳动者的思想感情，也会养成他们从事劳动的习惯。尤其是针对我国现代社会独生子女的家庭，这是一项非常重要的教育问题。

教师和家长要重视儿童的学习，根据儿童阶段的学习特点，无论是学习的态度、习惯还是方法等，要在这些方面培养他们并指导他们。只有当儿童在小学的关键阶段养成严肃认真的学习态度、良好的学习习惯和方法，才能对以后升入中学乃至大学起到很好的铺垫作用，甚至一个良好的学习习惯和思考事物的方法会影响人的一生。

这里要注意的是，虽然儿童阶段要比幼儿期的学习更加深入和成熟，已经开始接受社会对他们提出的学习任务，但是由于儿童阶段仍然处于发展发育的早期，属于不成熟阶段，因此小学生的生理和心理方面只能达到有限的水平。进入小学后，儿童已经达到的实际发展水平和社会对他们的需求和要求出现不匹配的现象，是不可避免的矛盾。但是有矛盾才能推动发展，作为儿童阶段的教育者，不论是家长还是老师，以及和儿童教育有关的社会各界教育人士，都要认真对待这种矛盾，随时关注，找出解决矛盾的最佳方法，促进儿童的发展。

2. 儿童期的儿童大脑结构和机能发展的特点

在儿童期，儿童的大脑发展不断完善，结构不断完善，各种机能也在不断发展，这些生理上的变化促进了儿童语言机能和抽象思维逻辑方面的心理的发展。

根据科学研究表明，到了儿童期，大脑的重量由原本 7 岁时的 1 280 克增长到 12 岁时的 1 400 克，这个水平基本上和成年人的平均水平一样。儿童的大脑每个部分都在发展，其中额叶部分的增长是最显著的，额叶的发展和高级神经活动有重要联系，是高级神经活动发展的前提。儿童时期，大脑的结构在日益完善，额叶也在迅速增大，这就使得儿童大脑的第二信息系统得到迅速发展，随着儿童期向后的推进，第二信号系统逐渐替代第一信号系统成为主导地位。第二信号系统的快速发展帮助儿童建立起更加抽象的概念和思维逻辑能力，另外，儿童的心理过程的随意性和行为的自觉性加强。这一切变化促进了儿童对间接经验的吸收借鉴，同时有利于他们掌握系统的科学文化知识和行为准则。但是要注意的是，虽然儿童的第二信号系统逐渐占据主导地位，儿童有了更高水平的语言和抽象思维能力，但是这些生理和心理的发展都没有达到成熟，行为的自觉性和心理过程的稳定性品质都还是处于初步阶段。因此，在教育的过程中不能给儿童安排超过他们水平的任务，尽量不要有高于水平的期待，尤其是对于儿童前期的时候。由此可以总结，对儿童的小学教育其基本的原则就是直观性，尤其是对于低年级的儿童，要用更加具体和形象的事物和语言让他们学习新的事物，对那些抽象的概念更加要具体化、直观化，让儿童逐渐由具体的思维向着抽象的思维过渡。

在儿童期，他们的高级神经活动的基本过程其兴奋和抑制的功能都有了明显的提高，这种变化使得儿童每天所需的睡眠时间在减少，儿童在 7 岁的时候每天需要睡够 11 个小时，到了 12 岁的时候每天只需要保证 9～10 个小时的睡眠就可以了，剩下的时间可以用来进行各种活动，包括学习等。儿童的内抑制机能不断成熟，这就意味着他们对外界事物的分析向着细致和综合性的方向发展，有能力自我调节控制。但是，儿童的高级神经活动的机能发展还比较稚嫩，如果给儿童安排过多的学习任务或者让他们过多地参与各种活动，让他们长期处于兴奋的状态就会使他们疲劳和乏力，过于严重的话还会破坏兴奋抑制的功能，让儿童出现失眠和紧张等不良反应。儿童长期处于过分的抑制状态是不可取的，如果儿童一直从事一项单调、重复的活动，尤其是儿童对这个活动还没有兴趣、不能忍受，便会出现不安和骚动的现象，因此在儿童的学习时间安排上要适度。

3. 儿童期的儿童个性发展的特点

小学生活是一种有组织、有制度的学校集体生活，儿童进入小学生活也就意味着正式成为社会集体的一员。集体生活是小学生全部生活的主导部分，在学校集体环境中，小学生的个体和集体成员的关系是促进个体个性发展的主要条件。除了学校集体生活的影响，儿童的个性发展自然也受到家庭生活和社会环境的影响。我国城市家庭由于观念和经济条件等各方面的影响，独生子女比较多，因此家长对孩子会过于宠爱，在要求上就不那么严格了。同时，儿童的家长无论是父母还是外祖辈，由于各自的立场和生活阅历及观念不同，对儿童的要求往往不能统一，儿童就会陷入迷茫困惑的状态。除了家庭环境，周边的社会环境中也有各种消极的因素影响儿童的教育发展。家庭教育和社会环境的影响和学校的教育不能同步，就会影响儿童的健康发展。因此，为了缓解这些不利影响和干扰，要加快建立起以学校教育为主导的学校、家庭、社会的教育联网，将三方的认识和步伐统一，尽可能发挥出积极因素，消除消极因素，促进儿童健康成长。

（1）儿童期儿童的理想。理想是人们对未来的一种向往和追求，是个体意识的一种倾向性。在儿童期，人的理想开始产生并且发展。但是儿童期的理想有自己的特点，更多地表现出多样性和不稳定性，并且也更加幼稚和迷糊，并不清晰。儿童期，常常会有各种各样的兴趣，其注意力容易分散，会有各种各样的爱好，这种爱好和兴趣很容易被儿童当成理想。儿童也很容易受到家长和教师等周边较为权威人的影响，理想也就很容易改变。但是正是这种多样性和不稳定性的理想特点显示出他们理想的强大可塑性，教育者正好可以利用这种可塑性，引导儿童早日树立正确的理想。

（2）儿童期儿童的兴趣。兴趣是个体的一种意识倾向，是一种自觉的动机，这种兴趣能确保人们能够以创造性的态度来进行包括学习在内的各种活动。拥有一个良好的学习兴趣才能促进人们自觉开展学习，兴趣有利于激发人们学习的主动性、积极性和创造性。

在小学的初期，儿童一般是先对学校的学习生活过程产生兴趣，之后逐渐发展，会慢慢对学习的内容和自己学习的结果感兴趣，比较注重对教师的评语的了解，老师留了什么作业、考试的成绩是多少是小学生慢慢感兴趣的内容。小学中期，儿童的兴趣方向变成了独立性、创造性的学习内容。从儿童进入小学大门的那天开始，就要注意培养学生的学习兴趣。

在儿童期的初期，儿童刚刚从幼儿期过渡过来，低年级的学生对游戏方面的活动都有着很大的兴趣，因此可以采用游戏性的活动来帮助学生学习。但是随着年龄的增长，儿童对游戏方面的活动兴趣开始降低。在这个阶段，为了继续培养学生的学习兴趣，教师可以在授课的时候多借助一些生动形象的故事来吸引学生的注意力，或者有表情有感情地朗读课文，辅助一些鲜艳和形象的图片、插画，或者播放一些生动的影视画面、悦耳的音乐等，将学生的注意力吸引到课文上来。让儿童从对学校的学习生活过程和学习的外部活动的兴趣逐渐转移到学习的内容上来，激发他们对一些带有创造性因素和那些需要思考的内容的兴趣。

另外，儿童在小学的环境中其生活互动的范围扩大，同时小学的教育也使得他们增长了见识、拓宽了视野，很多小学生在参加了少年先锋队之后开始对社会的和政治的活动产生兴趣，我们一定要抓住这次难得的教育机会，引导学生关心祖国、关心城市的现代化建设，培养学生热爱祖国、热爱共产党的感情。

（3）儿童期儿童的性格。一个人对现实相对稳定的态度和与之相适应的习惯化了的行为方式就是性格。个性特征中具有核心意义的就是性格。性格的产生和发展受到一定的社会生活条件的影响。幼儿时期，就已经开始产生性格的萌芽，然后经过儿童期一直到青少年的初期，人们的性格特征也就逐渐趋于成熟，一直到十六七岁也就基本定型了。在没有形成成熟的性格之前，性格的可塑性是比较大的，定型之后也就没有什么可塑性了。所以，一定要抓紧儿童期的性格成长期，培养儿童形成良好的性格特点。

儿童的性格虽然没有完全定型下来，但是也会和成年人一样在不同的活动和场合中通过自己的言行举止表现出来。所以，家长和教师要多观察和分析儿童的言行举止，一旦表现出不良的状况就要加以引导。根据我国当前城市儿童的成长环境，儿童在家庭中的地位越来越“独特”，拥有比父母辈的家长更加良好的生活条件，再加上社会教育的发展趋势，家庭教育就越来越向着智力的方向发展，各方面的原因造成现代的儿童很容易养成不良的性格特征，比较典型的是以我为中心、目中无人、任性、懒散、没有责任感等，要在这些不良的性格特征没有定型的情况下正确引导，让儿童养成健康的性格。

4. 儿童期儿童的道德意识、道德行为发展的特点

在儿童的个性向着社会化方向发展的过程中，道德意识和道德行为的发展是其重要的内容。虽然，小学生可能受到家长和教师的教育影响，刚刚进入小学就已经掌握了一些有点抽象和复杂的道德观念和一些概念，但是他们往往对这些概念或者观念并没有深入的理解，不涉及本质，所以大多是模糊的。比如说，小学生会认为“勇敢”的人常常会“冒险”，这是一种概念的模糊、表面的理解状态。儿童直到 10 岁之后才开始对道德观念和概念有了深刻和精确的认识，这也得益于他们抽象概括能力的提高。

儿童阶段，尤其是小学的初期到中期，小学生往往只会注意到道德行为的效果，并不会去考虑发生这种道德行为的动机是什么。只有当儿童进入高年级，他们关注的范围才会扩大到道德动机，将道德效果和动机相统一。

道德信念是道德意识的高级形态。在小学的低年级时期，儿童并不会形成道德信念，这就意味着儿童的一些道德行为的实践是通过家长或者教师提出的，如果儿童对某一行为感兴趣也会实践这种道德行为，因此社会道德规范在低年级的儿童身上并没有太大约束作用。到了小学的中年级时期，儿童开始形成初步的道德信念，一般到了三四年级，儿童会更加能遵守学校的规定和班级的课堂秩序，但是在这个过程中也时常因为各种诱因违背学校和班级的秩序。因此，可以看出这个阶段的儿童遵守纪律的自觉性不高，没有一个坚定的道德信念。直到小学的高年级时期，儿童才会出现自觉的、独立的道德信念，并且这种信念还需要儿童经过长期的实践锻炼和教育才能逐渐形成。

经过观察发现，儿童的道德行为和意识经常会出现的一个问题就是他们的认识和行为脱节甚至两者相背离，这表现出来的就是儿童的言行会不一致。除此之外，儿童的道德行为也会出现多元性。这种道德的多元性指的是，儿童在不同的场合或者不同的人面前会出现不同的道德行为。比如说，儿童在学校里和家里的道德行为就有差异，同时在学校里和同学相处与在社区里和同学相处也会表现出不同的行为。另外，他们在教师面前和在同学面前同样有不同的行为，还有经常遇到儿童在爸爸妈妈面前的表现和在爷爷奶奶面前的表现不一样。

儿童言行不一的表现和道德行为的多元性产生的原因是多方面的。首先，从客观因素上看，社会上出现了很多不良的风气，很多人说假话、说大话，展现出不真实、撒谎的一面，尤其是现代传媒行业的发展，儿童很小就浏览这类网络视频等，自然会产生影响；另一个是家庭教育对道德品质教育方面的忽略，只重视儿童的智力发展；再一个是学校的道德教育也出现了一些方式和内容上的侧重问题，一味加强学生的道德知识上的侧重，但是却忽略了道德情感、道德行为习惯培养。其次，儿童期的心理特征也会影响儿童的言行。儿童期，儿童还没有形成坚定的道德信念，因此如果遇到一些和道德意识有关的行为就很容易受到外界的影响和诱惑，做出的行为和正确的道德意识性背离。另外，在儿童期，儿童对模仿他人的行为十分感兴趣，看到周围的成年人或者同学小伙伴有什么行为，如果觉得有趣，就很可能去模仿他们的言行，这种模仿也是不会在意其正确性的，因此儿童期经常会出现言行不一和道德多元的现象。要解决这些问题，让儿童的道德意识和信念更加坚定，需要多方的共同努力，学校、家庭和社会互相配合，共同为儿童创造一个良好的环境。

首先，学校的道德教育要将道德的知识传授和行为的训练教育平衡，不能一味传授道德知识，对道德情感和行为要加强训练和陶冶，这样儿童在拥有道德知识的基础上在实践中感受道德信念，加强儿童的道德行为自觉性，让他们有一个坚定的信念，拥有抵御外部不良行为影响的能力。针对家庭教育，也要借助学校的力量指导家长的教育理念，让家庭教育也走上智育和德育相统一的道路。针对现代社会网络良莠不齐的信息泛滥，各种不良信息充斥各种网络渠道，学校和家长都要注意指导儿童有针对性地观看文学作品和影视作品，并筛选出优秀的作品供儿童学习，让儿童减少盲目模仿的心理。社会各界也要和学校教育达成共识，为儿童的成长提供一个健康的环境，家长和老师要为儿童树立良好的榜样。

（三）城市青少年的主要特点

青少年一般指的是十一二岁至十七八岁年龄阶段的年轻人，这里面包含了少年期和青年初期。青少年的生理和心理处于青春发育和发展时期，因此有自己的特点。

1. 青少年生理发展的特点

首先，在生理上，青少年进入了一个蓬勃生长和急速发展变化的阶段，这也意味着他们进入了人生中的第二个“生长高峰期”。在这一阶段，青少年的生理外形发生十分明显的变化，如身高变高，体重变重等，内里的器官机能也在不断健全。青少年时期，最为重要的发展就是大脑的机能和神经系统的发育。

科学研究表明，人们进入十二三岁时，大脑的结构和神经系统的发育就已经基本完成。由于大脑机能趋向平衡，兴奋与抑制机能发展较快，使兴奋和抑制开始能够协调一致。但因脑下垂体、甲状腺、肾上腺等器官的发育，在青春期期间，一直会分泌出能够促进机体发育的激素，这种激素会使大脑的神经系统处于兴奋的状态，所以青少年的兴奋和抑制过程不稳定，表现出青少年易动易怒，也容易疲劳。青少年时期的大脑皮层异常活跃，第二信号系统占据优势，在思维的概括和调解能力方面得到增强。因此，青少年的抽象逻辑思维能力的发展有了更好的生理条件，有利于促进他们自我意识能力的发展、掌握系统的科学理论知识及形成科学的世界观。作为影响青少年成长的重要外界因素，家庭、学校和社会都要注意对青少年的生理和心理上的变化的关注，合力帮助青少年度过这个特殊时期。

2. 青少年认知能力发展的特点

经过长期的学校生活和系统的学习过程，青少年已经掌握了各种有关自然、社会和思维等方面的知识，并且在长期的学习生涯中掌握了学习知识的方法，也养成了学习和思考问题的习惯。青少年时期，其认知能力，包括感知、理解、记忆、思维和想象等一般认知能力和书写、计算、色彩鉴别和节奏感等特殊认知能力都得到了较快的发展。尤其需要特别关注的是思维能力，它是认识能力的核心。青少年的思维能力不断发展，青少年认识事物已经由原来的具体形象思维占主导地位转向抽象逻辑思维占主导地位，这一发展变化的过程是从青少年的初期开始的，当然，发展的初期还是具体形象思维的优势更多，也就是少年期的抽象逻辑思维必须要有具体的感性经验的支持。直到发展到高中时期，青少年或者刚进入青年初期的学生才会拥有理论性的思维，逻辑思维占据主导位置，思考问题一般要经过分析、综合、演绎、归纳和推理几个过程。

十三四岁是青少年思维能力发展的关键时期，也就相当于初中二年级阶段。从这个时期开始，青少年的思维优势开始从经验型向着理论型转化，初步的实现要等到十七岁前后，也就是高中的一二年级。思维优势从经验型转化为理论型说明思维能力的发展也基本完成。这种发展和转化并不是单纯的表面变化，属于质的飞跃，因此这个时期也属于思维发展的飞跃时期。这个阶段表现出来的思维发展具有很强的可塑性，因此作为教育者，一定要抓住这次教育的机会，形成与这个特点相适应的教育和教学工作特点，注重对学生的敏捷性、灵活性、深刻性、独创性及批判性的培育。

3. 青少年情感发展的特点

青少年的生活环境和教育环境与儿童期有明显的不同，因此他们的情感发展和儿童期的情感发展也有着明显的区别，出现一些新的特点，主要表现为情感丰富强烈，但具有明显的两极性：青少年遇到事情更加容易激动，体现出朝气蓬勃和热情奔放的年轻活力，他们对前途往往充满着美好的憧憬，喜爱幻想，对英雄人物有着更为强烈的敬慕和追求……青少年表现出来的这种强烈的感情是在矛盾交替中出现的。他们的情感发展又极不稳定，青少年很容易在面对打击和挫折时沮丧甚至一蹶不振，当他们的期望受到打击，或者社会不能满足或者承认他们的合理或不合理的需求时，会很容易出现灰心丧气、意志消沉的情绪状况，甚至还会产生绝望的感觉。青少年的情感表现出两极性的特点，因此在教育的过程中，教育者要注意观察和研究他们的情感，对某一件事情和某一小段时间的情感表现不能太过于拘泥，要将观察的重点放到情感的变化上，更加深入、细致和持久地观察，并且对于发现的问题要进行有效指导。

青少年时期还有一个情感特点是比较看重感情，十分珍视友谊。根据相关研究表明，人的一生中，结交的朋友最多的时期就是中学时期，尤其是十五六岁的时候，并且这时期结交的朋友其友谊是最难忘的。正是由于青少年重友情的特点，所以比较容易形成集体荣誉感，但是不良的发展方向又会使得他们形成“哥儿们义气”，更容易建立“小团伙”。如果放在两性相处的问题上，青少年的重友情会表现为对异性的爱慕之情，也就是出现了爱情的萌芽。但是这个阶段的青少年正处于成长发展阶段，加上网络和影视作品的影响，又因为教育中对两性关系问题的缺失，使得他们对爱情只是懵懵懂懂，不能正确区分友情和爱情。所以，家长和教师要重视青少年的情感发展情况，注意观察和分析，引导他们的友谊和两性关系处理向正确的方向发展，帮助他们树立正确的友情观、爱情观和道德观。教育者要注意培养青少年的集体荣誉感，培养爱国主义情怀和社会责任感。

4. 青少年个性的主要特点

人的个性包含多方面内容，如理想、动机、兴趣和自我意识及性格等，因此对青少年的个性特点分析就要从这几方面出发。

（1）理想、学习动机和兴趣。青少年往往都会对未来的发展和前途抱有很大的期待，其理想往往都是美好的、正向的，同时他们敢想、敢说和敢做。青少年的理想形成基础也受到当时的时代生活环境的影响，再加上他们的知识不断积累，并拥有了更加广阔的见识，从而在这些基础上形成了理想。因此，青少年的理想带有十分鲜明的时代特征。根据 20 世纪 80 年代初，专家对城市青少年的理想研究调查[①]，可以将我国城市青少年的理想分为四种类型。

①还没有明确的理想，没有确定的追求目标，认为理想是将来要考虑的问题，现在不用考虑，并且认为个人并不能决定理想的实现情况。

②很大程度上受到家长、老师或者一些权威形象和英雄人物的影响和鼓励，因此会表现出对某一具体的目标的追求，是一种行为的效仿。但是这类青少年缺乏自觉性，容易动摇。

③将理想和一种具体的职业相联系，把这种他们追求的工作和行业作为他们将来的选择和奋斗的目标。有一部分是为了要给社会做贡献，但是大部分是为了追求个人利益的选择。

---

①　林崇德 . 中学生心理学 [M]. 北京：北京出版社，1983.

④这类青少年拥有为实现祖国社会主义现代化和人类和平与幸福而学习的远大理想。

根据以上调查资料显示，城市中的青少年在各种理想类型中的占比如表 3-1 所示。

表 3–1 我国城市青少年理想类型表

理想类型	一般中学（百分比 %）	省市重点中学（百分比 %）	工矿区中学（百分比 %）
①	14.7	15.7	17.3
②	28.1	28.2	27.7
③	15.7	13.7	17.5
④	41.5	42.4	37.5

从以上的数据我们得出：城市中的青少年的理想最高的占比是②④两类，两类加起来能够接近 70 %，这是一项不错的结果，说明我国青少年的理想主流更加拥有集体感和责任感，体现出爱国主义和正义感；有一部分的青少年还没有对未来有一个明确的目标，认识比较浅显，对人生的意义也不太清楚；还有一部分青少年更加注重个人利益，更加追求实惠。这种理想的形成有社会的原因，同时我们也没有做好对青少年在人生观、价值观和世界观上的良好培育工作。另外，通过上述数据可以发现，中学的类型不同其青少年的理想状况也不相同，但是差距不是很大，说明了青少年的理想也受到社会环境的影响。

青少年理想既有现实的体现，也带有浪漫的色彩。但是青少年的年龄阶段不同，也会显示出不同的发展水平。青少年的理想发展水平受到个体的认识能力的制约，这也是其核心的因素。根据青少年的认识能力发展，中学生的理想发展可以划分为以下几种：中学阶段，低年级的学生理想更加偏向具体的形象；中年级的理想更加倾向于综合形象；高年级的学生理想更为概括。这也说明，在低年级阶段的青少年没有对理想有一个深刻而有内涵的认识，此时的理想比较肤浅和模糊，并且不稳定，经常变化，高年级阶段有一个深刻而又概括明确的理想，并且这种理想更加稳固，中年级是一个中间过渡阶段。

青少年的学习动机和理想发展具有十分紧密的联系。中学生有一个什么样的学习动机就会有什么样的学习目的，学习动机制约学习的积极性。

根据专家的相关调查和研究[①]，我国城市青少年的学习动机根据内容可以分为四类。

①学习的动机不明确，上学也只是应家长的要求，在学校“混日子”，几乎没有学习的主动性和积极性，还会产生厌学的情绪。

②学习的目的是取得好成绩，取得好成绩之后不用受到家长和老师的批评，也可以得到周围人的羡慕和好评，有一定的积极性和动机，但是目标往往只看眼前的利益，没有持久性。

③为了个人的前途学习，为了将来自己能有好的发展机会，并没有将自己的未来和国家与民族的命运相联系。

④为实现祖国社会主义现代化的宏伟事业而勤奋学习。

根据该调查材料，当前我国城市青少年（中学生）各种类型学习动机的比例如表 3-2 所示。

表 3–2　我国城市青少年动机类型表

动机类型	一般中学（百分比 %）	省市重点中学（百分比 %）	工矿区中学（百分比 %）
①	14.2	14.2	15.0
②	18.1	16.9	15.6
③	24.7	25.1	23.2
④	43.0	43.8	46.2

根据上述调查数据表明：我国城市青少年的学习动机整体偏向是良性的。仅仅③④两类学习动机就能达到将近 70 %，说明我国的城市青少年大部分还是拥有良好的价值观的。另外，②④两类动机在不同的类型学校有着不小的差异，分析原因可能是生源不同才造成意识不同。这也说明，对于这类学校中②类动机的学生只要注意引导，还是会形成正确的学习动机的。

一般认为，青少年时期的学生其学习的动机是不断发展变化着的。通过教育者的指导和影响，再加上学生年龄阅历等的增加，他们对社会和个人的认识越来

① 林崇德 . 中学生心理学 [M]. 北京：北京出版社，1983.

越清晰，其学习动机也由原本的模糊、肤浅和变化向明确、持久和稳定的方向发展，初期的学习动机大部分是具体的、直接的，发展到后期学习动机就变得间接和持久。一般来说，刚升入初中的学生还和小学五六年级时的学习动机相差不大，主要是直接具体的学习动机，到了初中二年级，学生学习动机中间接的成分就渐渐变多，直到升上了高中阶段，已经形成间接的、持久的学习动机的主导地位。根据中学生的这种学习动机发展特点，要积极引导青少年向着自觉和持久的学习动机发展。

青少年的学习兴趣其深度和广度都比儿童期的学习兴趣有了十分明显的发展。儿童期的学生占主导地位的是直接的兴趣，但是随着年龄的增长，越来越倾向于间接的兴趣。因此，在对青少年进行教育的过程中要对其间接兴趣进行引导和培养，使其广泛发展。

目前，我国的城市青少年学生在对不同课程上的学习兴趣有很大的分化差异。比如说，有的学生更喜欢学习理科，对文科的内容不感兴趣；在文科的各类科目中，学生往往更加倾向于学习文学、外国语言和艺术等科目方向；一般对应用型和技术性较强的课程有更大兴趣等。之所以产生这种分化，其本质是受到了社会中价值观念的影响。比如说青少年对计算机应用类的课程感兴趣，并不是本身就喜欢计算机方面的知识，而是计算机在社会中的使用价值值得他们予以关注。这其实也体现出青少年的间接学习兴趣在发展，但是也应该注意，青少年的学习兴趣不应拘泥于使用价值，而是应该更加广泛。不管是直接兴趣还是间接兴趣，其广度的发展是他们未来的发展方向，因为青少年只有拥有了更加广泛的学习兴趣才有可能成为一名全面发展的人才。

青少年的个体意识倾向中有三个重要的因素，分别就是我们提到的理想、动机和兴趣。理想是青少年未来的人生目标，为他们指明未来的发展方向，动机和兴趣是为了实现这些理想的内在动力。为了让青少年拥有一个正确的人生观，就要让他们有一个正确的理想。要实现理想，就要激发青少年的学习动机，培养他们多方面的兴趣，让理想、动机和兴趣在个性中统一发展。

（2）自我意识的发展。自我意识在青少年时期得到了迅速发展。主要有以下几点表现：

独立性和自制力增强。进入青春期，青少年的身高得到快速生长，并且中学的学习生活使得他们的生活阅历增加，“社会地位”也发生变化，这一切使得青少年意识到自己不再是小孩子了，已经“长大了”，因此会要求自己在各方面都要向大人看齐，希望自己摆脱成年人的保护和约束，追求独立、自尊。青少年时期，其自制力也得到了不断的发展和提高。但是，这种期待的“成人感”却和他们的言行稚气未脱产生矛盾，要求的“独立”和“自尊”也与他们的自我意识不成熟、处于依附状态产生矛盾，这种矛盾尤其在少年时期十分明显。只有到了青年期，他们才有真正成熟的独立性和自制力，因此针对这种成长特点，我们要对青少年给予细心的保护，维护他们的自尊心，同时也要帮助他们提高独立性和自制力，让他们走向真正的成熟。

青少年时期，他们有了更高水平的评价他人和自己的能力，他们已经能够区别现象和本质，也能够分清主要和次要，对他人和自己的行为表现评价能力已经发展得比较全面。但是，在青少年特别是少年时期，他们的评价能力仍然处于不完善和不成熟的阶段，甚至更加具有片面性和表面性，并带有主观性，评价他人的能力要比自我评价稍微占据优势。青少年的评价能力的发展从原本的单一、片面的现象评价发展到比较全面的本质评价，评价的内容和倾向也从原来的行为准则方面发展到社会实践方面的评价。

（3）青少年的性格发展。在青少年时期，人们的性格逐渐形成并且逐渐稳定定型。其中，发展的早期也就是少年时期，会逐渐发展出一些比较稳定的行为方式，这个是性格塑造的关键时期，到了后期也就是青年期，他们的性格会逐渐稳定下来，发展成熟，直至定型。因此，如果要培养青少年的性格，使其向着良好的方向发展，就一定要抓住这个重要的时期，帮助他们塑造性格，认真、谨慎地加以引导，注意观察他们性格的变化，杜绝不良的行为方式，以防这种不良的行为方式形成习惯，因为如果性格一旦形成并稳定，就很难纠正改变。

（四）城市青壮年的主要特点

青年后期到进入老年期之前的一个阶段就属于青壮年。一般年龄是从十七八岁直到六十岁，属于人生的大部分阶段。

接受了普通的学校教育或者中等职业技术教育的学生，其生理和心理的各方面发展也都逐渐成熟。这个群体的一部分人继续升入高等学校接受大学教育，另一部分就直接进入社会，从事不同的劳动工作。由于我国的城市经济不断发展建设，科技正在改变生产和生活，城市的社会生活向人们提出更高的要求，因此为了适应社会的发展，越来越多的人即使进入社会也开始选择各种成人教育机构来学习新的生活工作技能和知识，提高自己的竞争力，这也表明今后的教育要向着终身教育、终身学习的方向发展。

在社会人口结构中，青壮年是最大比例的主体部分，社会各个劳动部门的劳动就是依靠这部分人支持，因此是维持社会生存和发展的主要力量。为了促进经济建设继续快速发展，满足多元化的服务需求，因此为青壮年这个群体提供了各种各样的继续教育。对于青壮年的发展特点研究有利于促进城市青壮年继续教育的发展，推动终身教育制度的建立完善。

1. 城市青壮年在学习上的特点

青壮年和青少年在学习的性质、目的、内容和方式方法等方面都存在差异，具有自己的特点。

（1）学习的延续性和连贯性。城市中的青壮年在继续教育上有着不统一的起点。这是因为这部分群体每个人之前接受的基础教育是不同的，再加上进入社会工作之后，每个人的自学进修情况也不相同，这就导致了他们的文化知识水平不同，有着差异很大的生活和生产经验。从现实的情况来看，在我国的城市青壮年的教育水平中，只有很小的一部分人属于文盲和半文盲的状况，绝大部分的人都能够达到初中或者高中的教育水平，这属于中等教育水平。有的人虽然在青少年时期没有真正接受中等学校教育，但是后期经过自学进修已经让自己的实际教育水平达到中等。大学专科以上的教育在目前的普及率也在逐年上升，随着大学扩招，现在的毛入学率已经将近六成。所以，在对这部分群体进行继续教育的发展和组织过程中要根据他们的现有实际水平和经验背景来考虑和规划，让青壮年的继续教育能够和自己的实际知识水平和经验情况连贯起来，衔接更加自然。这样也能避免浪费更多的人力、物力和财力产生重复教育，依据现实的发展水平来组织。要加强青壮年继续教育的延续性和连贯性，根据现阶段我国青壮年的实际文化水平多为中等水平，因此要重点提供中高水平的继续教育机会，尤其是我国教育更多偏理论方向，为了提高教育的实用性，可以多提供职业技术教育，增加其实践性。

（2）提高职业技术修养（或转换行业岗位）的需要。一般来说，青壮年都是为了将自己的职业技术能力提升上去，或者转岗等企业硬性学历要求才会选择进行继续教育。因此，这部分接受继续教育的青壮年会选择那些和自己从事的行业或者将来要从事的行业有关的专业。这也体现出他们的学习向着实用性的方向发展。不可否认的是，还要一部分的青壮年是为了追求更高的学术水平和更高的技术水平才选择继续教育，因此他们的继续教育的专业方向一般和自己从事的行业和岗位关系不大，是为了追求更多的基础理论和专业理论知识、技能和方法。但是这部分人毕竟占少数，大部分选择继续教育的目的和方向都和自己从事的行业和岗位有关。

青壮年继续教育的选择方向是基于我国现在城市经济和科技发展的要求，科技含量在各行各业的提高也对从事这项工作的人有了更高水平的科学文化素质的要求，城市教育要为了适应城市的经济和社会发展，为产业升级和转型后的产业发展提供更加适应的人才支持。

（3）应用型知识与理论型知识兼学，以学习应用型知识为主。城市青壮年的继续学习和学历提升一般是为了将自己目前所从事的岗位其技术修养和能力提高，或者为了适应新转换的劳动岗位才选择接受继续教育。这样，这部分人学习的内容就更加偏向于和自己岗位有关的应用型知识和技能方面的知识，如产品的设计制造、生产工艺、操作技术、经营管理和服务技术等，以应用型知识学习为主。也有一部分人选择参加电大、夜大、函授院校等教育机构的学习，他们是为了提高基础理论和专业知识水平，获得一定的学历和学位，这部分学习属于以掌握系统的理论知识为主的理论型知识的学习。虽然将知识的学习划分为以上两种类型，但是根据实际的学习情况，应用型知识学习在这两种学习中占据主导地位，体现出青壮年现实生活的需求，也是城市经济和社会发展的要求。

（4）干扰学习因素多，精力容易分散。虽然青壮年接受继续教育的目的是提升自己的行业竞争力，提高自己的职业技术修养，有着明确的目的和学习的自觉性，但是由于这些青壮年大部分是各行各业的从事者、在职者，除了学习还要承担自己的本职工作，完成生产劳动任务；另外，青壮年大部分已经成家立业，因此有着赡养父母、抚育子女的重任；同时，这些“社会人”还要参与各种社会活动，参与各种交往应酬。所以，这些生活和工作的重担分散了他们大部分精力，使他们的学习活动充斥着各种干扰因素，让他们无法集中精力去完成学习任务，甚至还会半途而废，中止学习。要克服这些问题，既要求社会为他们创造出良好的学习条件和环境，也需要依靠他们自己坚强的毅力来坚持完成学习任务。

（5）以自学形式为基础的自我教育是主要教育方法。《学会生存》一书指出：“新的教育精神使个人成为他自己文化进步的主人和创造者。自学，尤其是在有帮助下的自学，在任何教育体系中都具有无可代替的价值。”[①] 青壮年时期并没有像青少年时期一样的良好的学习环境，也没有大块时间来心无旁骛地投入学习，因此他们基本上还是更多地使用自学的方式来进行自我教育，这也是他们接受教育的主要方法。因为自学的方式并不是完全依靠自己的学习，它有老师的指导，然后根据老师提供的学习知识的方法总结和学习，这种在教师指导下的自学方式比较符合青壮年的学习特点和需求，同时这种学习的方式也可以帮助他们学会学习。另外，随着现代教育技术的发展，网络媒体的进步，网上有各种学习的网站和资源可供挑选，有不同教学特色的高水平教师来为人们授课，因此自学的方式对现代人来说已经有了不错的条件基础。青壮年要善于利用这种方法和条件，认真对待教师的指导和帮助，在教师有计划地帮助指导下加强自学，并且通过线上平台多和学习的伙伴与老师交流沟通，激发学习的积极性和创造性。

2. 青壮年的语言和思维的特点

在一定的社会生活环境和教育的影响下才形成人的语言和思维能力。语言和思维是在人际交往的过程中形成的，因此具有时代性和区域性。

城市中的青壮年虽然没有全部接受过高等教育，但是他们中的大部分人接受过中学教育，因此其语言和思维受到过系统的培训，词汇的掌握上比较丰富，也有较强的语言表达能力，对一些科学的概念也能接受；另外，这部分人群可拥有运用科学概念分析、演绎、推理、判断等抽象思维或理论思维。又因为青壮年分

① 吴文侃，杨汉清 . 比较教育学 [M]. 北京：人民教育出版社，1989.

散在不同的社区生活，每天接触到不同的人和事，拥有十分丰富的生产生活经验，同时也能接触到相应的城市社区习俗文化。

青壮年在上述的生活背景下自然也会吸收社区的习惯语言，这些习惯语言具有生动、形象和富有说服力的特点，同时也具有含糊不清、似是而非的特点，往往缺乏科学性。这些青壮年的思维受到生活环境的影响会带有一些经验成分较多而缺乏概括性的生活概念，在这样的思维概念的影响下，他们更集中偏向于以感知为基础的直接判断和类比推理。

通过分析总结青壮年的语言和思维特点，我们可以看出，这些语言和思维特点对于他们接受继续教育存在有利的一面，但是这种语言和思维特点也会影响人们对事物的理性认识，尤其是不利于他们在抽象概括、推理和判断能力等方面的发展。在教育和引导青壮年的过程中，要尽量对他们的科学概念方面的能力进行培养，养成科学概念的习惯，减少使用生活概念，这样才能让青壮年在对事物的认识过程中习惯采用理性的思维和抽象的思维，其对事物的认识和分析才能更加深入、全面。

3. 记忆能力和理解能力发展的特点

青壮年随着工作和劳动及家务负担的加重，每天需要接触和解决的问题十分繁杂，因此记忆能力不稳定，很容易受到外界的干扰，这里的记忆能力主要是指机械记忆能力。尤其是年龄越大，相比于青少年时期的记忆力会越来越差，进入壮年之后还会呈现每况愈下的情况。但是青壮年的有意记忆也就是理解记忆的能力不会发生明显的下降，青壮年的前期基本上和青少年时期水平一致。

青壮年时期拥有比较强的理解能力。这是因为他们拥有十分丰富的人生经历，也在无数次的实践活动中获得生活的经验，这些经验和经历使得他们更加容易理解和掌握理论知识。对事物的理解相比于青少年更加全面和深入，并且能够轻易掌握事物发展的规律，也能很好地运用规律办事。优秀的理解能力可以帮助青壮年进行学习和研究，是这一时期的一大优势。

针对青壮年的记忆能力和理解能力的发展特点，进入壮年之后，在学习和接受教育方面，教育者应该激发起他们的优势能力，让他们学会利用自己感性而又善于理解的优势，减少对事例、数据和现象等感性材料的背诵记忆，让他们多采用理论概括的方式来学习，将理论和实践经验相结合，这样才能获得良好的学习效果。

（五）城市老年人的主要特点

科技在进步，人类社会在发展，人们的寿命比之前要长得多，但是延长后的寿命也不可避免地带来老龄化的问题，这个问题的严重性已经引起人们的普遍关注了。

这里指的老年人是60岁以上的人。随着老龄化的加剧，我国老年人的人口比例也在逐年增长。截至2022年，我国60岁以上的老年人在全国人口的比例已经达到了18.9 %，65岁以上老人的人口也已经突破2亿。尤其是在城市中，老年人的比例要比农村老人的比例高，甚至有的城市的老年人口比例已经达到了24 %以上，我国正在进入“老龄社会”。老年人虽然和青壮年一样都属于成年人，但是老年人本身的特点也十分鲜明。

在城市生活的老年人，一般都已经过上了退休的生活，因此他们的闲暇时间比较多。为了度过一个有意义、充实的晚年生活，或者为了继续为社会发光发热，在继续学习上的需求城市老年人明显比较高。有需求自然就有市场，社会上为老年人提供学习机会的成人教育机构也越来越多，尤其是很多城市还开办了很多形式的“老年大学”，老年人在大学中不仅可以学到感兴趣的知识，还有更多机会和身边的朋友交际，大大地丰富了老年人的生活。同时，老年人学习机构和大学的开办弥补了终身教育制度的空白，帮助完善了我国的教育制度。

1. 老年人生理和心理上的特点

随着年龄的增长，老年人的身体也受到自然规律的制约，其机能也在逐渐衰退。除了视力、听力和一些其他感官能力的下降，记忆能力也在逐渐衰退，和青壮年相比拉开了较大差距，思维过程变得缓慢，对外界的反应灵敏度也在下降。到了老年时期，人们随着身体机能的衰退还会患上心血管等方面的老年疾病。这些生理上的衰退使得他们的学习能力也大不如前。但是学习能力的下降并不能否定老年人学习的可能，通过无数的生活实践和专家实验证明：要注意老年人的生理和心理特点，根据特点安排学习任务，调整学习方式，老年人的学习还是能取得不错的效果的。老年人通过获取新的知识和成就还可以获得收获的喜悦，增强自己的自信心，良好的心理状态有利于老年人的身体健康。

2. 老年人学习的主要特点

老年人的学习和青少年与青壮年的学习有很大的差异，根据相关研究的结果[①]，老年人的学习应该注意以下几点：

（1）学习节奏宜慢不宜快。根据相关的资料介绍，老年人的学习节奏和学习效果有着很大的关系。如果给老年人布置比较多的学习任务，并且要求在短时间内完成，他们就要加快学习的节奏，这样学习的效果就大打折扣。如果让老年人根据自己的实际情况调整学习的速度，将整体的节奏放慢，学习的效果就不错，甚至和年轻人的效果差不多。所以，老年人的学习节奏尽量放慢，不能操之过急，这样才能达到一个良好的效果。

（2）学习的科目宜少不宜多。如果让老年人在学习一种知识和技能的同时还要再加上另一种知识和技能的学习任务，这两个甚至多种不同内容的任务要同时学习，交替进行，很容易就让老年人陷入混乱的局面，不同的学习内容相互干扰，在记忆上也会造成混乱，很容易遗忘学过的知识，学习的效果自然也就降低了。怎样解决这种多头任务同时进行带来的问题，最好的办法就是让老年人对先要掌握学习的一项任务去反复学习、复习，直到真正掌握之后再去学下一项任务，避免两者的干扰。老年人并不适宜交替同时学习几种知识任务，另外，给老年人布置的任务和科目减量少一些，最好是单科进行，这样才能达到更好的学习效果。

（3）学习的内容和方法选择要适当。老年人的学习效果与所学的内容性质和难度有很大的关系。如果所学的知识和老年人已经储备的知识和经验技能等有一定的联系，那么他们在学习这些新知识的时候就更加容易一些，在速度上也会加快，因为他们本身对这些知识就有一定基础，更加容易理解和记忆，所以最终的效果就会更好。但是，如果老年人对即将学习的知识完全没有接触过，那么学习的难度自然也就提高了，效果也就降低很多。因此，老年人也要选择适合自己的学习内容，这样才能在轻松的氛围中获得学习的自信心。

不同的学习方法会产生不同的学习效果。由于多年的学习经验和思维上的习

---

① 许淑莲 . 老年心理学 [M]. 北京：科学出版社，1987.

惯与定式，老年人在学习方法上的选择没有年轻人灵活。这属于老年人学习的一个特点，也成为他们学习的弱点。要克服这个弱点，需要为老年人进行提示性的帮助，也让他们有意识地自我训练，这样才能慢慢克服。要在老年人学习遇到困难的时候给他们适当的方法提示，让他们灵活选择更多的学习方法。

在老年人学习时，常遇到的问题就包括“老经验”“老习惯”等方面。老年人有着十分丰富的生活和工作阅历和经验，因此对周边的事物的处理方式也已经形成自己的行为习惯。拥有丰富的经验和习惯可以帮助他们更好地理解新事物，通过新旧对比能够在认识新事物时更加全面深刻，对新情况也能很好适应，最终形成新的习惯。但是事物也是在不断发展变化着的，这些变化也会需要他们摒弃原来的“老经验”“老习惯”，新事物和旧事物会产生交替的矛盾冲突，如果一味守旧，坚持自己的“老经验”“老习惯”，就会阻碍对新事物的学习，也不利于养成新习惯。我们会发现老年人对新事物都不太能接受，这也是其原因。因此，“老经验”“老习惯”具有两面性，有利有弊，要对其认真分析，正确对待。将老年人经验丰富和拥有超强理解能力的优势发挥出来，摒弃那些“老经验”“老习惯”对新事物接受的阻碍作用。

老年人的学习计划应该根据他们的学习特点和生理心理方面的健康状况来规划；学习的进度和节奏要尽量慢下来，符合他们的实际接受情况；学习方法的选择也要适应他们的特点；将老年人经验丰富和优秀的理解能力发挥出来。

五、城市教育服务管理在城市发展中的作用

城市教育能够推动城市的经济发展，城市的居民群体文化素质依靠城市教育发展起来。城市教育作为国家教育体系的重要组成部分，其主要的作用和功能就是为城市的经济发展提供高素质的人才和人力资源。一个城市的经济发展水平如何、其现代化发展到什么样的程度通过这个城市的人口素质和教育水平就能体现出来。随着世界各国的竞争日趋激烈，人才的竞争是其决定竞争结果的关键因素。高素质的人才能够促进劳动生产力不断提高。城市经济的发展受到劳动者素质的影响，需要大量合格人才的支持。再加上我国的高等院校基本上分布在城市中，

因此城市教育还担负着高等教育的重任——不断为国家的建设提供高等人才。

随着近几年经济全球化和社会信息化的发展，知识经济是未来的发展趋势，城市的建设是国家和地区现代化发展的重要体现，城市在其中的功能和作用越来越凸显。教育可以帮助城市提高综合实力。

（一）教育与城市发展的关系

现代社会教育和城市发展之间存在着十分密切的互动关系。一方面，只有当一个城市的综合实力足够强大才能促进教育的不断发展，提高教育的水平，教育的发展依赖于城市的优良环境和经济发展水平，教育需要适应城市发展。另一方面，城市的经济和社会的发展需要教育提供的知识和人才的支持，拥有先进的科技和高素质人才能推动城市经济发展，经济的发展也才能反过来推动教育相关产业的形成和发展，教育提供丰富的人力资源推动城市建设。两者之间的辩证关系有多方面的原因，首先，生产力是最活跃、最革命的因素，决定了社会发展的状况；其次，在生产力中最具有决定性力量的就是人，就是人才；最后，科学技术是第一生产力。现代社会，万事万物都在飞速发展变化，社会正在发生各种产业革命，信息媒体日新月异，科学技术也在不断进步，如果劳动者仍然停留在原来的水平只会面临淘汰。比如说，原来国家大力发展的是劳动密集型产业，这种产业只需要简单的劳动技术就可以胜任，因此只需要初等教育水平的劳动力就可以进入这样的产业中工作。但是未来产业的发展方向是知识智力型产业，并不需要大量的体力劳动，而是更加需要具有知识创新能力的专家和工程技术人员。过去的工业化城市发展需要我们普及九年义务教育就可以了，但是现代城市都在向着知识智力型产业转型，而是更加需要受过高等教育的人才，因此未来需要普及高等教育甚至研究生教育。教育水平的整体提高能让人们在心理、思想、态度及行为方式上适应现代化的转变，并起到推动作用。

教育对促进城市的现代化建设主要有几方面的体现：

（1）将教育作为城市现代化发展的重要基础，要在整体的城市现代化中布局，这样才能将建设和推动城市发展的劳动力的水平提高，提高全市民的整体素质，促进科技、经济和社会发展。

（2）城市的发展需要有更加旺盛的教育需求，这是其重要推动力。随着教育水平的不断提高，教育者的素质也在不断提高，就业机会也在增多，就业压力也就自然减少。将教育的规模不断扩大，尤其针对高等教育和高中教育，要将其规模扩大，这样也能带动其他行业的发展，比如说在高校或者中学周围的餐饮行业和酒店业务都有较大发展市场，有大学或者高中的地区住房需求也很高。

（3）将教育作为提升城市文明程度的重要手段。提高教育的水平才能将人才的水平提高，要让人才走向国际化、创新化，教育创造新进物质文明和精神文明成果，扩大国内和国际的交流与合作，提升城市科技、经济、文化等方面的辐射功能和作用，进而促进城市精神文明的进步。

不管是发达国家还是发展中国家，那些有着很高综合实力的城市主要有以下两点特征：

（1）城市中往往拥有丰富的教育资源、智力资源，能够为市民提供优质的教育服务。人们之所以向往去更大城市发展，正是看中了这些城市能够提供优质的教育、好的工作机会和高质量的设施和服务。

（2）城市的现代化标志中就包括教育的发达。如果城市中有一座历史悠久的名校，可以传输先进的教育理念、发扬优良的传统，这些精神和文明也会成为这座城市精神文化发展的源头，成为城市精神的象征。

（二）加快教育发展，促进城市现代化

1. 把加快教育发展作为城市发展的战略重点

改革开放以来，我国的很多城市得到了快速发展，并取得了巨大的成就。包括城市的基础建设、科技、文化和教育等各方面都有了长足的发展。尤其是进入21世纪，我国的新技术革命逐渐兴起与发展，同时社会也逐渐走上了知识经济的发展阶段，不光是我国，世界各国的城市都走上了现代化发展的道路。针对这种发展的趋势，为了让城市的现代化发展道路更加快速、顺畅，各城市在发展的过程中逐渐发现教育的重要性，将教育放在重要位置，政府的各个部门也将教育的发展作为城市现代化发展的重要策略，因此在城市的规划、基础设施投资和项目建设时没有将教育的发展落下，大力发展城市教育，将教育作为整体城市布局发

展中的一部分，教育作为城市现代化发展的基础设施更要放在超前发展的位置，使教育成为城市现代化的物质、技术和精神的支撑基础。

2. 把教育作为产业纳入城市产业调整、升级的变革之中

教育的产业在城市的现代化发展下逐渐形成，并能够随着产业的升级拓宽发展的市场，其特性也逐渐显现出来。在这种情况下，一些发达国家的城市，如美国的洛杉矶、纽约等针对教育产业提出教育属于基础产业的口号和想法，并且真正将教育采用产业发展和经营的方式来推动其发展。我国将教育划分为第三产业，属于知识产业。教育在发展的过程中既要遵循自身规律发展，也要适应社会主义市场经济的基本规律。

要将教育作为产业来发展要注意两方面问题。一方面，要将教育和科技、经济紧密结合起来。在为科技和经济输送源源不断的高素质人才的同时，教育要主动面向经济、社会和科技的主战场，努力使教育发展成一个综合性的现代产业，不仅可以传承文明，为国家培养人才，也要和科技和经济融为一体。另一方面，教育既然要发展产业，就要按照产业的发展规律和方式发展，这样既能实现教育质量的提高，也能得到良好的产业效益。比如，要遵守产业发展的规律：投入—产出规律、成本—效益规律、竞争规律等。为此，城市中的各方在提高对教育的投资比例时也要重视投资的效益提高。

3. 城市教育是推动城市第三产业发展的关键力量

随着经济的发展和产业的转型升级，第三产业在推动城市发展中的作用越来越凸显，城市中的居民生活和就业也越来越依赖第三产业，因此第三产业对国家的经济发展起到更加重要的作用。当前的第三产业已经不是以前的劳动密集型产业，知识含量比较低的人员不能进入第三产业，因此现代的第三产业对人员的素质要求越来越高。为了提高人员的素质，提高城市居民的就业质量，需要大力发展城市教育以培训出更多的就业人员。另外，随着城镇化的发展，大量的农村剩余劳动力涌向城市，但是这些农村转移过来的劳动力在知识和技能等方面水平不高，同时对城市的生活节奏也不很适应，因此需要对其加强培训，包括从业技能和生活技能等这些培训的任务一般就放在了城市中的教育机构身上。另外，我国正在稳步推进机构的改革，将有“数以万计的政府机关、社会团体的工作人员转向经济、社会各部门，而他们的主要方向是第三产业”①。这些人群的培训任务也就放在了城市的教育机构身上。

4. 城市教育是推动城市文化建设的核心环节

文化在城市的现代化建设中其意义越发显现，甚至可以说城市现代化建设的根基就是文化建设。文化的形成是经过漫长的时间来演进的，包括了一个国家民族不同的生活。也可以说文化就是国家民族的生命。如果一个国家缺乏文化，这个国家也就失去了生命的活力。城市文化的精神范畴是一个复杂的系统，主要包括两个方面，一个是意识形态的因素，也就是理论因素；另一个是社会心理的因素，属于民俗因素，文化的精神范畴是经过传承才形成的。对城市的文化进行传递需要载体，这个载体就是教育。城市的教育还可以选择城市文化，通过相应的教育机制，对原本的城市原生文化的生态价值观进行延续，另外还要建立起商业思维的现代新生文化，使得城市的文化能够持续发展，这就需要教育来传递文化和创新文化。

5. 城市教育是城市社会发展的先导

对现代的城市进行改革和建设，需要建立起一个系统的工程，在这个工程中，分为不同的部门和领域，要想使系统工程顺利运行，就要让所有的部门和领域合作起来，配合发力。其中，教育是城市改革建设的一个重要部门和领域，对于城市发展规划、控制城市人口和建设民主法制具有十分重要的作用。当代城市的发展和多年以前的城市发展有了很大的提高，规模变大了、经济总量上去了，发展的速度都比以往任何时候都要快。教育的发展和规划设计也影响了城市的整体规划，如果城市的教育布局合理就能缓解城市的人口压力。教育也能用来控制城市的人口数量，因为越是受到过高等教育的人其生育观念就越先进，提倡优生优育。最后，城市教育是城市建设民主法治的主要依靠力量，民主法治促进城市社会发展，教育培养出来的具有民主法治观念的市民和专业的法制人才促进城市社会发展。

① 华建宁. 2000年，中国3亿劳动力转移——中国成人教育面临最大的历史任务 [J]. 中国成人教育，1993（10）：22-26.

第二节　城市教育服务管理存在的问题

我国的城市教育虽然在近几年得到迅速发展，并且取得了很多成就，但是其具体的发展水平与其他的发达国家相比还有很大差距，甚至和一些发展中国家相比我们的教育也存在落后的现象。我国的城市教育和现在的国家建设需要还不能完全匹配，所以城市教育要加快推进深化改革，促进发展。我国的城市教育当前体现出的问题主要有以下几方面。

一、城市教育服务管理在过去的改革历程

改革开放以来，社会越来越重视城市教育的研究和发展。随着教育体制的改革，城市教育综合改革为建设城市教育发展的模式和创建学习型社会提供了有益的探索和经验。

（一）城市教育得到恢复调整

从 1978 年 12 月到 1985 年 5 月，城市教育改革发展的主要措施就是在党的十一届三中全会的精神指导下对教育进行全面恢复、调整和整顿。同时，教育界也开展了真理标准问题的讨论。1980 年，教育部召开了全国教育工作会议，对之前的教育走过的道路进行经验教训的总结，要求要将教育的工作逐渐恢复起来。随着党和国家及社会各界人士的共同努力，大学恢复教学工作，同时高校和研究生的招生工作制度也建立了起来。党和国家十分重视将教育进行全民普及，在 1980 年 12 月，中共中央国务院发布了《关于普及小学教育若干问题的决定》[①]。教育事业通过思想上的革新和时间上的推进，城市教育开始向好发展。

（二）城市教育综合改革试验的提出

党的十一届三中全会之后，我国各个城市由于积极推进改革开放的政策，在经济、社会和科技等各个方面都取得了巨大的成就，同时我国的综合国力得到提升，在国际上更加具有竞争力。但是，我们也看到了，我国教育领域的发展却相

① 吴德刚 . 中国教育改革发展报告——改革开放二十年回顾与展望 [M]. 北京：中共中央党校出版社，1999.

对比较落后，改革的步伐也十分迟滞。飞速发展的城市经济和落后的城市教育越来越不适应。根据教育发展的突出问题，1985 年 5 月，中共中央、国务院召开了全国教育工作会议，并在会议上颁布了《中共中央关于教育体制改革的决定》（以下简称《决定》），这项《决定》指出，教育的发展是要为社会主义建设来服务的，社会主义建设部离不开教育的支持。对我国当时教育事业的落后情况和教育制度的弊端在会议上都有指出，对此提出了相应的教育改革指导方针，也就是教育必须为社会主义现代化建设服务，教育必须同生产劳动相结合，培养德、智、体全面发展的社会主义建设者和接班人。城市教育的改革也要遵循《决定》的指导思想。

为了贯彻落实《决定》精神，推动城市教育的改革与发展，国家教委于 1987 年 11 月在湖南省长沙市召开了城市办学方向研讨会。参加会议的城市有佳木斯、锦州、烟台、洛阳、芜湖、无锡、绍兴、自贡、长沙、江门等。与会的城市代表介绍了各自城市所做的教育改革工作，会议提出，中等城市在我国国民经济体制改革中具有很大作用，要从改善教育结构、改革教育体制入手，加快城市教育改革，并强调在保证普及九年义务教育质量、提高青少年基本素质的基础上，主要培养为城市经济和社会发展所需的中级人才，并发挥中等城市对县、乡的辐射带动作用，逐步建立起科学合理的城市教育体系。紧接着，沈阳、苏州等城市也参与到城市教育综合改革的试验中。

（三）城市教育综合改革的试验与扩展

在国家教委将城市综合教育改革试验确立之后，进入试验名单的各城市就已经开始摸索教育的改革方案了，并且将制定好的方案递交给国家教委审批。1988 年初，就有 9 个城市将城市教育综合改革的方案初步确立了，这也标志着城市教育改革试验的目标得到确立。

根据社会发展的需要，在 1988 年之后，国家教委引进了德国“双元制”的职业教育模式，并将这一教育模式在一些试点城市做了前期的探索试验工作，1988 年 6 月，在无锡市召开了“双元制”试点城市会议，随后又召开了“中国—联邦德国职业技术教育合作项目研讨会”。

1989 年，国家教委会成立了城市教育综合改革领导小组，并设立了城市教育综合改革办公室，主要是专门负责管理全国城市的教育综合改革的指导工作。1990 年之后，烟台、长沙两地的综合教育改革方案也被批复，并且很多参与试点的城市成立了多部门参与的教育综合改革领导小组，由市长、副市长任组长，参与的部门包括教育、人事、劳动等，市教育委员会也逐渐在各个试点城市成立起来。

1991 年 12 月，国家教委在江苏省常州市召开了全国城市教育改革经验交流会，包括京、津、沪在内的 100 多个城市的市长参加了会议。会议上交流了城市教育综合改革试验后的基本经验，并提出了在全国更大范围内开展城市教育综合改革。由此进入了城市教育综合改革的第二个阶段。

常州会议以后，我国的城市教育综合改革的试验进程加快。国家教委于 1992 年 10 月又确定了 32 个城市为城市教育综合改革的第二批试验城市，而且这些城市主要从省会城市和计划单列市中选定。考虑到京、津、沪城市的特殊性，3 市所进行的城市教育综合改革主要从各市的区小范围展开。

经过十几年的改革实践，城市教育综合改革取得了显著的成果，主要表现在：强化了政府对教育的领导和统筹；进一步确立了教育优先发展的战略地位；调整了教育结构，打破条块分割的格局，使教育资源配置趋向合理，办学的效益得以提高；改变了政府包揽办学的格局，调动了社会各界参与办学的积极性；招生和毕业分配制度改革有了较大的进展。参与教育综合改革试验的城市基本实现了普及九年义务教育，甚至普及了高中阶段教育。

（四）党的十五大以后的城市教育综合改革

党的十五大之后，参与改革试验的城市不断根据自己的发展情况创新实践，促进了城市的综合教育改革的推进，让教育和经济与社会的联系更加紧密，三者相互结合，首先将九年义务教育的普及目标逐步完成，并且也已经开启了对高中教育的普及。从这以后，我国的城市教育综合改革的思路基本形成：把城市教育综合改革的工作重心放在中等以下各级各类教育、成人继续教育和职业培训及高中后的短期职业技术教育上来，而且形成了城市教育综合改革的指导思想，即使教育与城市国民经济发展相适应，城市教育综合改革工作要巩固已取得的教育综合改革成果；加强对教育综合改革的研究与总结；从实际出发，调整教育综合改革规划；推广城市教育综合改革的典型经验；加强对城市教育综合改革工作的重视。

二、城市教育服务管理目前存在的不足

（一）教育优先发展战略在实际工作中还没有完全落实

要将知识和教育放在重要位置，教育的发展要放在优先发展的地位，这一思想和原则得到了我们党和政府的强调和重视。但是不可否认的是，在落实的实际工作中，有一部分认识不足的领导干部并没有意识到教育改革和发展的重要性和必要性，因此在落实的过程中就缺乏紧迫感，只在口头上强调和重视，并没有落实在行动中，没有解决实际的问题。在处理发展教育和发展经济的关系时经常会出现“重经济轻教育”的倾向，因此在实际的工作过程中会阻碍其发展，严重违背了教育优先发展的思想和战略，这也会使今后的教育工作充满阻碍。

（二）教育投入严重不足

在实际的工作中，我们并没有将教育的优先发展战略彻底落实，这种情况下也就导致了教育的投入长期处于不足的状态。城市教育经费一直都处于短缺的情况，这严重影响了教育的发展。只有解决教育的经费投入问题，让教育的投入更加合理，拓宽完善城市教育的投资渠道和体制，才能有效推动城市教育的改革。

针对教育投资体制的完善和改革，增加教育的投入力度，中共中央国务院颁布的《中国教育改革和发展纲要》中明确规定：“要逐步建立以国家财政拨款为主，辅之以征收用于教育的税费、收取非义务教育阶段学生学杂费、校办产业收入、社会捐资集资和设立教育基金等多种渠道筹措教育经费的体制。通过立法，保证教育经费的稳定来源和增长。”这项规定的关键问题是要处理好主渠道与辅渠道之间的关系。为了解决这个关系问题，国家提出了教育经费增长的三个原则：

（1）国家和地方的财政性教育拨款的增长必须要比财政经常性收入的增长高。

（2）教育的总体经费要根据在校的学生平均数来确定，并且要确保其逐步增长。

（3）教师的工资和学生的平均公用经费要每年都有所增长。

新的教育投资机制的建立，增加了国家的教育经费，拥有十分明确的原则。但是这一系列原则和体制还在逐步的落实阶段，并没有完全被人们接受，并且落实的过程也不是一帆风顺的，会有各种思想的干扰，这使得规定和落实之间的差距十分明显，主要表现在以下几点：

（1）教育经费的实际投入供应的情况和改革发展的投入需求仍有着十分突出的差距。

（2）已经制定好并出台的教育经费的筹措规定和政策在落实方面遇到了很多困难。

（3）当国家的财税体制和收支的格局产生重大变化的时候没有对确保教育经费的重点投入措施采取管理。

（4）需要提高教育经费的使用效益。

对于解决城市教育经费的一系列问题，不仅要在立法上保障教育财政拨款和经费的增长，还需要在落实的过程中防止经费其他使用情况的发生，要追求勤俭办学，杜绝铺张浪费，将办学的经济效益逐步提高。教育管理改革中，最需要注意的问题就是机构的臃肿问题，人浮于事，这就会造成教育经费的浪费，同时学校的教职工的比例过高，是一种人力成本的浪费，这种现象尤其会出现在高等教育系统中。另外，虽然学校的各种教育设备正在不断完善，但是其利用率却并不高，并没有发挥出教育设备和设施的特点和应有作用。将这一系列问题解决才能减少教育经费的浪费问题，提高教育经费的投入效益。

（三）创建中国特色社会主义教育体制尚待进一步研究解决

将我国的教育体制创建成中国特色社会主义教育体制，需要和我国现在发展的社会主义市场经济体制相适应。

1985年，国家颁布了《关于教育体制改革的决定》，从这以后，我国的城市教育改革经过多年的发展已经发生了很大改变，几乎改变了过去国家统一办学、统一管理等情况，让社会的各方主体投入教育体系中来，也将社会和个人的参与感激发出来，增加了社会层面对教育管理和投入的主动性。为了适应这种变化，在教育体制上建立起一套新的政治、经济和科技体制改革的措施是十分有必要的。针对过去教育发展的实际情况，《中国教育改革和发展纲要》对建立新的教育体制作了明确的规定，那就是要“逐步地建立起以政府办学为主，社会各界共同办学”，实行“分级办学，分级管理的体制”，但是在制度建立之前，还需要解决以下几项问题。

（1）实行政府办学为主，社会各界共同办学的体制，就要建立起与之相匹配的宏观调控机制，针对社会办学的方方面面要做好规范，这样才能达到依法办学。

（2）由于我国的大中小城市众多，且城市的规模也各不相同，尤其是一些大城市和小城市之前的差距十分大，因此在办学上是否需要根据城市的规模情况来区别对待？

（3）根据适应社会主义市场经济发展的需要，城市的教育体制也要根据经济发展体制制定更加合适的社会劳动就业制度，因此学校的招生和毕业生分配制度也要随之改革。毕业生毕业的时候，除了可以获得学校颁发的毕业证书和学位证书，为了提高自己的就业和择业优势，学生可以选择考取一些上岗资格证或劳动技能级别证等。

（4）学校管理实行校长负责制（高等学校目前实行党委领导下的校长负责制）、教师聘任制、岗位责任制。要真正地实行这些制度，还必须有与它相适应的人事管理制度、劳动工资、奖惩等制度相配套。

（四）城市教育的结构改革有待深化

我国的城市教育在近几年得到了快速发展，其中教育的结构改革也有了很快的进展，并且也取得了一定的成效。但是目前的教育结构并没有达到高水平、科学化，只有高水平、科学化的教育结构才能很好地适应社会主义市场经济发展的需要，这条道路任重道远。

我国城市中的高等教育和中等专业教育在设置专业上存在着不少矛盾，其中有一些“长线专业”“短线专业”和“空白专业”就是典型的专业问题，并且有的学校在这方面的问题上还特别突出。这也说明，高等教育和中等专业教育的专业结构不能适应社会的真正需求，所以需要调整。随着社会的发展，一些新的行业层出不穷，这就需要新的专业支持，需要尽快补充。

我国目前一直实施的是九年义务教育制度，并且随着多年的推进，现在的九年义务教育已经十分普及，任务基本上将要实现，所以今后基础教育的任务就要放在提高基础教育的整体水平上。要提高整体的教育水平，就要优化基础教育的结构，首先要发展好幼儿教育，然后加强对小学和初中教育的推进，对于高中阶段的教育，重点应该放在今后发展选择的分流上，让一部分适合理论和研究的人才继续升学，进行学术的钻研，另一部分培养成拥有高水平技术的实践人才，这样也有利于今后的择业和就业，国家也解决了就业问题。

除了要重点留意基础教育结构改革的问题，在基础教育的推进过程中还应该注意到因教育而引发的社会问题，比如说学生的“择校”问题，有的学生选择的学校离家比较远，上学还需要长途跋涉，这样不仅会造成交通的拥堵，如果家长选择接送孩子上学还会引发一系列新的社会和家庭问题。之所以出现上述的社会问题，是因为教育资源的分配不均衡，学校之间的差距比较大造成的。如果单纯依靠“就近入学”的行政措施并不能治本，要从根源上解决，对那些条件比较差、水平也不高的学校重点关注，加大投入的力度，在师资、设备和管理等方面加强投入，让学校有个标准化的办学条件，这样学校之间的竞争才是公平的，“择校”问题也能迎刃而解。

城市教育的结构改革需要今后很长一段时间的推进和深化，这样才会形成中国特色社会主义教育体系的基本框架。最终推动中国特色社会主义教育体系发展成熟完善，实现教育现代化的目标。

（五）城市教育质量有待提高

教育实行改革就是为了将教育的质量全面提高，这样才有机会为社会主义的现代化建设提供更多高素质的人才。在城市教育发展的当下，教育质量的提高主要是为了解决市场经济的发展问题，还包括促进科技进步、满足人们生产和生活的需要，那么就有以下几个问题要解决。

将学校的思想政治教育和德育加强改革并完善，要以实事求是为基础，理论联系实际，改革教育的内容和方法，使其更加注重实效，摆脱过去教学中存在的形式主义问题。

当前的学校教育还是以升学的应试教育为导向，学习和教育的一切目标就是为了升学，要将这种局面转变过来，让教育成为全面提高人的素质教育。因为只有素质教育才能和我国倡导的学生发展德、智、体、美、劳的各方面素质的方针相适应。

目前，我国的教育还存在教学内容和教学方法脱离实际的情况，只有将这些情况改善才能提高教育的质量，将改革课程和教学方法、改革教学手段、更新教学设备等考虑进去。针对城市教育的研究，要根据现有的生产和科学技术水平的条件下找出教育和生产劳动相结合的方式方法，这样才能推动课程的建设，采用先进和最适合素质教育的教学内容、方法和手段，让培养出来的人才都能全面发展，适应社会发展的实际需要。

教育的振兴最先考虑的就是教师，教师是教育的希望。提高城市教育的质量最为关键的就是提高教师的素质。所以，教师队伍的建设应该采取实际的行动，不能空喊口号，不断将教师的思想修养和业务水平提高，同时为了调动教师发展的积极性，还要将教师的社会地位不断提高，增加其物质待遇，这样教师这个职业也能真正得到社会的尊重。教师队伍也需要有一个领头人，校长就是这个领头人，带领整个学校的团队全面提高教育的质量。校长的关键作用意味着今后对校长的选拔和培养也应该重视起来，培育出高水平的教学和管理的校长人才，校长的管理重点应该主捉学校的教育任务，让学校的教师也能将精力都放在教育上，如果校长和教师的工作重点发生偏差，那么就很难提高教学的质量。

第三节　城市教育服务管理的优化路径

一、城市教育服务管理研究的任务

中华人民共和国成立后我国在教育事业方面取得的成就令世人瞩目。然而，不能忽略的是，计划经济体制是这些成绩取得的基础，也就是说，我们在主观上对城市和农村之间客观存在着的差异并没有认同，教育发展的目标要求和模式是完全相同的，并没有包含农村与城市的区别，导致农村教育和城市教育两个方面的发展都出现了失误。城乡教育都无法与各自的社会经济发展相适应就是这种失误的集中表现。我国的计划经济经由改革开放后发展为市场经济。根据城市发展的现实，城市已经逐渐成为我国经济、政治、文化的发展中心。发展城市社会和经济往往需要特殊的人才，这也就导致城市教育也具有特殊性。我们在研究城市教育的课题时需要解决这种特殊性的课题，换句话说，城市教育研究的任务就是满足其这种特殊性。这些年来，这项工作已经在一些较发达的城市开始推动，也取得了一些具有开创性和富有成效的成就。

（一）阐明城市教育的理论基础

实践如果缺乏理论指导就会成为盲目的实践。在社会主义发展的初级阶段，我们研究城市教育应该以马克思主义经典作家关于教育同政治、经济、文化的关系的基本原理，以及实事求是、一分为二等方法论，尤其是习近平同志提出的关于社会主义初级阶段基本国情的理论，加快建设高质量教育体系的相关论述。

（二）寻求教育与城市发展联系的结合点

经济发展和社会发展都属于城市发展。生产力发展的水平是城市经济发展水平的集中体现，尤其是城市科技水平。作为第一生产力，科技在现代社会生活中正发挥的作用越来越重要。所以，科学技术是城市教育与城市经济发展的结合点。精神文明建设、民主法治建设及城市人口数量和质量的控制与提高都是城市社会发展的内容，城市居民的素质状况对这些方面起着决定性的作用。所以，培养高素质居民是城市教育与城市社会发展的结合点。因此，科技是城市发展的先导，人才是城市发展的保证，教育则是城市发展的基础。

（三）研究城市教育主动适应城市第三产业的需求

在研究现代化的学者看来，衡量一个国家现代化水平的重要指标之一就是第三产业的发展状况。过去，第二产业是我国城市发展的主要方向，对第三产业并没有给予足够的重视，甚至可以说是轻视。改革开放以来，我国城市的第三产业发展较为迅速，并越发影响着城市的社会生活。第三产业具有灵活性、多样化等特点，对城市的人才结构及教育的发展有着新的要求。

（四）探求与城市社会和经济结构相适应的人才结构

面对不断扩大的城市规模和不断增多的功能，再加上信息化社会的到来及生产上科学技术的应用，复杂性、多变性和开放性的特点开始表现在城市社会中。国际社会经过调查发现，在一代人成长的时间内有平均 50 % 的职业发生变化，约 50 % 的职业技能每 3～5 年就需要更新。受到这种形势的影响，对人才的整体素质、层次结构和专业结构的培养都需要随之升级。当前的产业发展趋势为新兴的“轻、薄、短、小”的信息化产业，为了使城市教育与之相适应，在人才结构的角度，培养出的科学研究队伍必须满足能够在生产上有所创新、变革，在科学上有所发现、发明；技术队伍必须能够掌握和运用先进生产方法；技术管理人员队伍必须适应工业化水平的生产。这三支队伍的搭配要以实际需要为依据，比例合理，将整体效能积极发挥出来。而在人才素质的调度方面，不但要传授其系统的科学知识，对其职业技能的培养予以重视，还要突出培养事业心和开拓能力，包括规划、思维、交流、合作、组织、解决问题、跟踪和评估能力等，使人才的应变性和适应性得到增强。

（五）探求城市教育的特点及其一般发展规律

与农村教育相比，城市教育本身有自己的特点，这是由城市社会的开放性、复杂性和多元性所决定的。城市教育的对象与农村教育的对象不同，这是由城市社会生活的先进性、多样性、精神性、丰富性和良好的物质生活条件及成人职业的特点所决定的，这也决定了城市教育的一般发展规律有了更丰富的表现。

（六）探求城市合理的教育结构及其模式

城市的产业结构和技术结构影响着城市的教育结构。按产业部门分类而形成的社会生产结构就是产业结构，一类、二类和三类是其常见的分类方式，不同门类的生产部门组成了每一类产业。站在城市产业结构发展趋势的角度，其正从一类、二类产业向三类产业转移自己的重心。城市社会职业结构也随着产业结构的这种内部变化而变化。日趋复杂的城市职业结构，使城市教育结构也走向多样化。劳动者技术装备所达到的水平就是技术结构。我国不断进步的科学技术越来越多地应用在生产上，我国劳动密集型为主的城市生产活动正转型为技术密集型为主，这种转移使得城市技术的构成出现变化，对劳动者技术水平的提高也提出了要求，高级技术人员与普通技术人员、熟练工人与非熟练工人在就业机会上的差别就出现了。这就要求城市教育在程度结构上对初等、中等、高等各级层次的比例关系做出调整，使人才结构的各级技术等级合理匹配。

（七）探求符合城市教育的教育方法和教学内容

实现城市教育目标的重要手段和途径是城市的教育方法和教学内容。对于城市教育方法，传统的方法已经无法与现代化城市社会对人才的需要相适应，亟须得到改革；但传统方法在某些方面也存在合理性，这是城市教育方法的构建所必须继承的。目前，我国城市教育方法的改革得到了很多国内外涌现出的有效的教育方法提供的借鉴。以下是现代城市教育方法改革的目标：重心由教过渡为学；摆脱单一化，趋向多样化；发展过程不再彼此孤立，而是推动发展做到相互结合、相互补偿。以下是现代城市教育方法的特点：双边性，既能使学生的主体地位得到充分体现，又能将教师的主导作用充分发挥出来；双部性，教师在对学生活动做出控制时，要同时注意到学生的内部活动和外部活动，重视学生的内心体验；双型性，培养学生的模仿能力，帮助其掌握现成的知识，鼓励学生开展创造性活动，帮助其获得新知识；发展性，既要对教学基本知识和基本技能予以强调，又要对发展学生智力和培养学生能力更加重视。关于城市教学内容，在课程内容上必须对现有教材继续做出修改，使其能够将城市社会生活的基本要求和科学技术的最新成就及时反映出来，还要与学生的接受能力相符合；在课程结构上，一边促使科学技术新科目得到适当的增强，一边对职业定向教育和综合技术教育予以注重，对法制教育和道德教育予以强化，对生态教育、人口教育和环境教育予以重视；关于课程形式，实现主体为必修课，辅体为潜修课、选修课和活动课，多种课程相结合的制度。

（八）探求城市教师队伍的素质及培养途径

一支高质量的教师队伍会影响到城市的教育水平及培养的人才的质量情况。一支教师队伍要想提升质量应该做到以下方面：教师个体素质，即教师具备的业务素质、思想政治素质、职业道德素质、能力素质及心理素质都要过硬；教师群体素质，包括能力结构、梯队结构、气质性格类型结构等。在当前的市场经济条件下，为了将高素质的人才引进教师队伍，保证教师队伍的稳定，需要对教师的待遇进行提高，同时提高教师的社会地位和职业的声望，只有对教师在实际生活中遇到的实际问题进行解决才可能让教师这一职业成为让人向往的职业。

（九）探求合理的城市教育管理体制

现代经济发展的两个车轮一个是科技一个是管理。城市教育管理体制为了达到更加高效和有序的教育目标，实现对人、财、物的高效运用，需要做到以下四点：一是精简机构；二是简政放权，充分调动学校和地方的办学治学的积极性；三是实行统一领导和分工负责；四是实现职、责、权、利的统一。

（十）探索实现城市教育的法治化

世界教育发展的重要趋势之一就是教育法治化。从实质上来说，市场经济是法治经济，随着我国市场经济体制的不断成熟和完善，我国城市教育也应该走出“类法律秩序”（由行政命令、伦理规范、习惯势力、权威意志等构成），使教育法律法规成为一种有力的工具，对教育的权益界线进行合理界定，明确教育秩序。为此，需要根据城市的教育特点对教育法律法规进行合理的制定，加大执法的力度。

二、研究城市教育服务管理的意义

（一）理论意义

从教育科学自身的发展趋势可以看出，传统的教育理论体系在当前的形势下经历着高度的分化和科学的结构改组，教育社会学、教育经济学、农村教育学等分支学科随着时代的需要应运而生。与这些分支学科一样，城市教育学的出现会进一步分化和深化教育科学研究，可以实现对教育问题更加专门、更加精细的研究和分析，以此为基础可以构建适应性更强、具有更高水平和层次的现代教育基本理论体系，换句话说，实现在教育学科分化基础上的更高水平的综合。

理论来源于实践，相应的教育理论来源于教育实践。改革开放以来，我国确立和发展了社会主义市场经济体制，城市也因此获得了更好的发展，在社会生活中和国民经济中的作用和地位越来越凸显。教育也会随着社会的发展和城市经济的发展不断进行改革，城市教育改革迫在眉睫。因此，1984 年的秋天，在国家教委的批准下，全国有 15 个城市对教育开展了综合改革的实验，之后经各省、自治区、直辖市批准，有 55 个城市开展了教育综合改革实验。城市教育的发展与改革一方面需要科学的教育理论的指导，另一方面需要符合我国的教育国情和展现中华民族的优良传统，同时还需要满足为我国社会主义现代化建设、城市教育现代化建设培育人才的需求。因此，城市教育的研究和城市教育理论的构建，是我国当前城市教育改革实践提出的重要要求，也是历史发展、时代进步赋予我们的使命。

针对城市教育的综合改革研究在近些年有了很大的进展，产出了很多优秀的研究成果。然而，从宏观整体的角度来说，迄今为止，关于城市教育的研究大多集中在改革实践的描述性研究上，大部分研究为经验总结，尚未形成系统的城市教育科学体系。

随着我国城市教育改革的深入发展，建立和完善中国特色社会主义城市教育体系，迫切需要建立相应的城市教育理论体系。因而，对城市教育的研究需要以马克思主义的理论和方法为基础，以邓小平建设中国特色社会主义理论及其教育思想为指导，对我国教育历史中的有益经验进行认真总结，对我国的优良传统进行继承，要分析研究城市教育改革发展中的新经验，将经验中的普遍性和共性提取为理论，使其系统化和理论化，在这些经验中不断摸索城市教育发展的规律，探究其发展的趋势。针对城市教育改革与发展过程中出现的新的问题、新的情况要及时提出切实可靠的对策和建议，一步步构建起符合我国国情和发展趋势的城市教育理论体系，在实践中不断检验、补充、修订该理论体系，使该理论体系为中国特色社会主义理论体系的建立和发展做出贡献。

（二）实践意义

我国在改革开放的大背景下，在由计划经济向市场经济转变的过程中，在城市经济和社会都获得较大的发展的情况下启动的城市教育改革，最初适应计划经济需要的教育理论，但对当前城市教育改革与发展的现实需要已难以适应。因此，城市教育的发展只能通过试验和改革，采用“摸着石头过河”的办法进行。采用这样的方法必不可免地会走弯路，这就会影响城市教育改革与发展的整体进程。为了改变这种状况，只能加快对城市教育的研究。对于城市教育进行研究，不仅要对我国的教育经验进行总结，继承优良的传统，对有益的经验进行吸取，而且还需要及时解决、分析、研究我国在市场经济条件下的城市教育改革中出现的新的问题和情况，同时对国外的先进的现代教育理念、经验进行吸收和借鉴，不断对城市教育提出思考和对策，为城市教育改革的决策者出谋划策，为城市教育改革与发展提供理论的来源和依据，最大限度减少我国城市教育改革实践的随意性和盲目性，增强客观性和自觉性，在教育科学理论的指导下完成城市教育改革，保证改革的顺利发展，加快我国城市教育改革与发展的步伐，使城市教育朝着现代化的方向发展。

城市是商品经济发展的必然产物。城市在市场经济体制下，在一个国际或者地区中的经济、政治、文化方面的中心地位会得到加强和巩固。对城市教育进行研究，使得城市教育改革顺利发展必然会辐射、带动广大的农村地区的教育改革与发展。对此，我们认为，对城市教育进行研究不仅可以实现对城市教育的改革与发展，还能影响着农村教育的改革与进步。在城乡教育现代化的发展中逐步实现中共中央、国务院颁布的《中国教育改革与发展纲要》中所提到的：“到本世纪末，我国教育发展的总目标是：全民受教育水平有明显提高；城乡劳动者的职前、职后教育有较大发展；各类专业人才的拥有量基本满足现代化建设的需要；形成具有中国特色的、面向21世纪的社会主义教育体系的基本框架。再经过几十年的努力，建立起比较成熟和完善的社会主义教育体系，实现教育的现代化。”以上也是研究城市教育的最终价值体现。

三、城市教育服务管理的发展策略

教育在城市服务教育管理过程中处于核心地位，主要原因在于良好的城市教育可以促进公民素质的提高，可以促进城市经济和社会的发展与进步。党的十六大中对我国教育改革和发展的目标进行了明确——形成比较完善的国民教育体系，人民享有接受良好教育的机会，形成全民学习、终身学习的学习型社会，促进人的全面发展。这一目标指明了我国今后的教育改革与发展的方向。

城市教育，尤其是与国民素质有着密切关联的国民教育，在整个的教育系统中具有全面性、先导性、基础性的特征。城市教育改革和发展的重要任务是大力发展国民教育，使得现代城市教育体系更加完善和健全。

（一）发挥基础教育在城市教育服务管理中的奠基作用

所谓的基础教育就是国民所接受的、为终身学习奠定基础的教育，主要的任务是对国民，基本上是青少年进行最基本的文化技能教育，根本目的在于传授基本的知识，发展相关的基本技能，完善和塑造健全的人格，培育有理想、有道德、有文化、守纪律的社会主义建设事业的接班人和劳动者。基础教育的对象及功能决定了其与国家的前途命运相连接，关乎国家之后的发展，同时对于促进社会的发展具有重要的作用，对于把握人类自身名誉和人的全面发展具有不可忽视的作用。

人们在接受教育的整个过程中，基础教育是必不可少的一个阶段，是整个终身教育的开始阶段，是国民教育体系的重要基础，是科教兴国的基础工程。基础教育在整个教育服务管理建设的过程中具有基础性、先导性、全局性的作用。因此，加快发展基础教育对建设教育服务管理具有重要的作用。

1. 深入进行教育改革，全面推进素质教育

（1）全面贯彻党的教育政策和教育方针，重点培养学生的创新能力和实践能力。基础教育的出发点和目标是培养有理想、有道德、有文化、有纪律的德、智、体全面发展的社会主义建设者和接班人。

（2）不仅加强文化课教育，还要高度重视学生的德育工作。德育应以马克思列宁主义、毛泽东思想、邓小平理论和“三个代表”重要思想为指导，德育的内容应根据学生的特点来确定，并渗透到该学科的教学中。

（3）改变现行的、以国家课程为主的、单一的课程体系，建立国家课程、地方课程与学校课程相结合的课程体系，提高课程的全面性、实用性、实践性、综合性。

（4）加强对劳动观念的培养，加大对劳动技能的教育，在教学计划中列入劳动技能教育，并保证劳动技能教育的课时。

2. 加强薄弱校的建设

所谓的薄弱校指的是教育教学设施、师资队伍、办学条件、教育质量等方面不太理想，有待提高的学校。城市教育服务管理水平的提高需要采取有力的措施，针对薄弱校的弱点进行改造。薄弱学校，尤其是农村的薄弱中小学的建设问题已经引起政府和教育主管部门的重视和关注。很多城市在物力、人力、财力方面加大了对薄弱学校的投入力度，并取得了一定的成效。普通学校与重点学校、农村学校与城市学校之间的差距正在慢慢缩小。改造薄弱学校是一项系统性的工程，需要进行统筹考虑，进行统一的规划管理。目前来说，政府在对基础薄弱的学校投入资金之外还可以采取以下的措施进行解决。

（1）加强重点学校与基础薄弱学校、城市学校与农村学校的结合。采取“手拉手”“一帮一”等形式建立分校或联合办学，使重点学校或城市学校的先进的教育理念、教育思想、高水平的师资队伍、科学的管理方法、先进的教学设备能够充分发挥最大的效益，从而带动薄弱学校和农村中小学的发展，使其办学水平得到提高。

（2）建立优秀的教师和教育名师到薄弱学校、农村中小学实行定期的短期任教任务或者讲学，同时让薄弱学校、农村中小学教师到重点校区进行进修学习。

这种方式可以使高水平教师的示范作用得到最大限度的发挥，还能提高薄弱学校和农村中小学教师的教学水平，提高现代化教学的能力。

（3）农村儿童进城上学或农村学校整体迁往城市。近年来，城市的出生率整体上呈下降趋势，城市中基础教育的生源相对来说比较少，出现了城市基础教育资源过剩的现象。得益于当前的现状，为部分中小学学校部分或者整体迁入城市创造了条件和可能性。这样不仅可以使农村中小学实现了跨越式的发展，而且还可以对城区的闲置优质资源进行有效利用。

3. 加大开放的力度

基础教育特别是普通中小学为了适应城市教育服务管理的需要必须增强开放性。这样做的主要目的在于解决学校的教育资源未被充分利用的问题，解决基础教育与其他类型教育之间的对接问题，不断扩大服务的对象。

加强学校开放，首要问题是对学校内部开放问题的解决。首先，学习的内容要保持丰富多彩，与实际生活和社会生活相贴合，学校要组织开展不同形式的课外活动，帮助学生了解社会，融入社会。对于学校的计算机室、语音室、图书馆、操场等基础设施，要不断提高其利用率，保证学生在课外的时候可以对这些设施随时使用，为学生营造良好的主动学习的条件和氛围。其次，需要加强学校与社区的联系，可以对学校的物质资源和人力资源进行有效的利用，保证为社区服务。可以建立独立于正常的教学之外的校外培训网和相关的体系，通过培训、讲座和非正规教育活动和项目开展社区教育，为不同年龄、不用职业、不用兴趣爱好的居民提供有针对性的、不同的学习服务，以此助力推进城市教育服务管理的进程。最后，可以通过与职业教育的沟通，推行弹性学习制度，该学习制度以学分制为主，通过该制度实现不同学校之间、相同学校之间的跨校选课的开展。

（二）发挥城市职业教育在城市教育服务管理中的中坚力量

所谓的职业教育指的是包含职前、职后在内的各种职业教育及技术教育，也包含普通教育中的职业教育。职业教育，主要侧重点在于技能训练和相关理论学习。技术教育，主要与科学、技术学科理论和相关技能学习有关。职业教育主要包含两部分——学校职业教育和职业培训。首先，学校职业教育是隶属于国民教育体系的范畴；其次，职业培训隶属于终身教育体系。作为城市教育服务管理的重要一部分，职业教育是促进经济增长、促进社会稳定发展的重要途径。

1. 用终身教育思想统率职业教育的发展

要发展职业教育就必须转变观念，职业教育的指导思想应该由终身教育思想来指导。职业教育不单单是存在于学校教育阶段，也同样地存在于人生发展的各个阶段。职业教育的面向群体是社会中的每一位成员，为每一位成员提供各种职业服务。职业教育在城市教育服务管理的建设中应该对社会中的弱势群体的需求进行及时关注。对于一些下岗职工、进城务工人员、农村转移人员、残疾人职业教育学校或培训机构应该对其进行低收费或者免费的培训，政府应该从财力上给予这些机构和职业学校资金支持，在财力上向办学条件好、教育质量高的学校和机构倾斜，保证这些弱势群体可以跟上城市经济发展的步伐。

2. 进一步提高全社会对发展职业教育重要性的认识

在城市教育服务管理中，职业教育有着无可替代的作用和地位。但是当前社会中存在对职业教育不重视的现象，对此政府应该加强舆论引导和宣传，也可以通过颁布政策来使全社会认识到职业教育的重要性，在全社会营造一种爱职业教育、重职业教育、支持职业教育发展的氛围，为职业教育的发展提供良好的外部发展环境。

3. 拓宽职业教育融资的渠道

国家对职业教育的投入经费应该逐年增加，同时拓宽职业教育的融资路径。对于行业、企业，政府可以给予一些优惠的税收政策和减税的政策来吸引他们对职业教育的投资。与此同时，还可以支持学校进行银行贷款来改善办学条件，政府给予相应的贴息补助来支持这一举措。

4. 大力发展民办职业教育

就当前我国的职业教育而言，职业学历教育主要由政府部门或者行政部门主办，民办在职业教育中的所占比重非常小，对职业教育的发展非常不利。对此，应该积极贯彻“两条腿走路”的方针，在保证国家办学的基础上，鼓励和支持企业和其他社会力量参与职业教育的办学。要想吸引社会力量参与办学，需要政府和教育行政管理部门制定相应的帮扶政策，赋予民办职业教育与公办职业教育同等的权益。要想使民办职业教育得到有效发展，不仅需要对社会力量出资办学进行动员，还可以采用国有民办的形式。所谓的国有民办指的是当前国家举办的职业学校的公有或国有的所有制不变，其经营权变为校长负责制，采用“自收自支”的机制，此时学校的经费由之前的国家拨款改为国家部分拨款或少拨款，学校的经费主要来自学员的学费，学校享受很多的办学自主权。

5. 严格实行就业准入制度，加强职业教育与劳动就业的联系

市政府和有关部门应当认真贯彻执行《中华人民共和国职业教育法》《中华人民共和国劳动法》等有关法律、法规，加大执法的力度，对劳动预备制度进行大力的推动，严格执行就业准入制度。用人单位录用的劳动者，必须属于国家规定的就业准入制度的职业（工种），该岗位的劳动者必须取得相应的教育证书或者职业培训证书，并取得具有相应职业资格的职业学校学历证书。对于就业准入制度的执行情况，人事部门要及时进行检查和监督，确保劳动力进入市场的时候符合用人标准，以此为推动力，对社会中的就业需求转化为对职业教育的需求，促进职业教育的发展。

6. 大力发展高等职业教育

高等职业技术院校是培养高级技工、技师的主要场所。与中职教育相较而言，高等职业教育的发展较为缓慢。科学技术的进步使得社会对高级技术工人的需求量不断增加，职业教育的侧重点也因此发生了转移。为了促进高等职业技术学院的发展，政府应当加大对高等职业教育的资金投入力度，同时应该制定相应的扶持政策，重点建设一批示范性高等职业技术学院。除此之外，还可以按照产业发展的趋势，不断加强专业建设，以此达到依托企业、行业建设高等职业技术教育的目的。高等职业技术教育学院自身也应该加强专业建设和教材建设，培养师资队伍，提高师资队伍的水平和能力，对高等职业技术教育专科层次与本科教育的衔接进行积极探索，将学校办出特色、办出水平。

（三）保证高等教育在城市教育服务管理中的高端地位

学生在完成高级中学教育的前提下实施的教育就是高等教育，高等学校和其他高等教育机构是高等教育的实施主体。高等教育的根本目的：一是促进社会的可持续发展，二是促进人的全面发展。高等教育在国民教育体系中具有重要的地位，担负着重要的使命。

就目前而言，我国大部分高等院校、高等教育机构都集中在大中城市。据2001年教育部统计，1 225所普通高校中，北京有59所，天津有21所，上海有37所，重庆有22所，杭州有32所。当下，城市教育的龙头是城市高等教育，高等教育机构成为教育的最高学府，是知识的生产和传播的中心区域，是培养高层次人才的重要场地和人才的聚集地。换言之，一个城市的文明与进步的程度可以反映在接受高等教育人才的数量和质量上，而人才的数量与质量也决定着城市所具有的发展潜力和潜在的竞争力。鉴于此，在城市教育服务管理中高等教育有着非常重要的地位和作用。

1. 增强为社会服务的意识

高等学校的三大职能为：一是教学，二是科研，三是为社会服务。在城市的教育服务管理中，高等教育要想获得长久的发展，要努力为社会服务。高校服务社会的最集中体现——发挥高校所具有的人才优势和智力优势，参与该地区的经济建设和发展。在当前的城市教育服务管理的建设中，城市的发展已经开始由注重物质资源向人力资本进行倾斜。在促进科技进步，培养创新人才方面，高等教育具有不可替代的作用。要使高校提高对城市建设和发展的意识，第一，提高科研成果的转化速度。高等学校人才济济，有着丰硕的科研成果，但是当前大学和社会脱节较为严重，很多高等学校关门搞科研搞教学，导致科研成果的转化率很低。很多的城市在不断地发展中将高校视为智力库，很多的企业也加大了与高校的合作力度和深度，作为高校应该抓住机遇，加大科研成果的转化力度，助力地区经济的发展。第二，高校应该根据产业结构的调整和城市的发展规划对专业设置进行调整，同时调整教学内容，对已经不符合当前发展要求的、过时的专业进行淘汰，开设一些符合城市发展要求的专业，以此为城市的后续可持续发展提供强有力的人才支撑。第三，高等学校的资源要面向社会，可以开设多种多样的长短期的业余课程，来吸引社会人员进行学习，通过举办面向社会成员的讲演、讲座、学术报告等活动来满足社会成员对于知识的渴望和对学历的需求。

2. 加大普通高等学校向成人开放的力度

瑞典学者阿伯哈莫逊对学习型社会的相关特征进行了设想并进行了量化。在高等学校中大约有一半的学生在25岁以上。在学习型社会的指标中有这样一项，即对成人参加高等学习的学习人数有着具体的规定。高等教育在我国主要有两种，一种是普通高等学校，另一种是成人高等学校，二者各成体系。随着经济的发展，高等教育的需求量出现了激增，这就促使一些违背普通高校录取的高中毕业生开始进入成人高等学校，影响了成人高校学生年龄结构，年龄出现下降的趋势。尽管如此，普通高校面向成人的开放力度远远没有人们所期望的那般。

虽然普通高校对入学的年龄取消了限制，如社会中60岁的老人也可以参加普通高校入学考试，但受限于种种因素，成人很难进入普通高校学习。虽然有少数人进入普通高校，也会因为种种原因很难完成学业，这就导致在城市教育服务管理建设中普通高校的作用得不到有效发挥。对此，在城市教育服务管理的建设中加大普通高校向成人开放的程度是当前亟须解决的问题。

普通高等学校如何对成年人开放？可以对成人入学的条件放宽，将成人入学者的技能、知识、社会经验作为入学的重要依据，不再局限于单一的入学考试模式，增加保送、推荐的比例。当然，也可以采取登记入学，放宽入口，严把出口，即所谓的宽进严出，学校还应该制定相应的成人学习者在校完成学业的各种规章制度。可以采取一些特殊的方法和政策，如将学习的年限放宽，在学分上采取零存整取的方式，成人学习者在达到规定的学分就可以毕业。增加普通高校中国成人的比例，一方面可以为高等学校注入活力，另一方面也可以服务于城市教育服务管理建设，为城市建设培养更多的优秀人才。

3. 大力发展高等职业教育中的技术教育

对于高等教育领域而言，高等职业教育是一个新的增长点，为了满足城市教育服务管理对高等教育的期望，需要大力发展高等职业教育。高等职业技术教育培养目标是培养高水平的、应用型的人才。我国正处于社会主义现代化建设的重要阶段，就当前的中国来说，为了推进现代化的建设，需要一批高水平的人才来进行建设，助力城市现代化发展。因此，社会中亟需以下人才：一是具有专业技能、具有专业扎实技术、受过高水平的系统性教育的研究型人才；二是高级应用型的人才，以此满足生产、管理第一线工作需要。我国的人才结构并不完善、均衡，对于高级技师和高级的工艺师非常缺乏，这也成为企业不断提高生产效率，不断提高产品质量的重点和难点。我国经济体制由计划经济转向了市场经济，在这个转变的过程中，我国的生产方式由粗放型向集约型转变，对此为了适应这个转变的过程，需要更高水平的研究、人才、设计，同时也需要在生产第一线的施工人员、维修人员、设备人员、检测人员、商品营销人员、运营管理人员、技术推广人员、农业技术服务人员、生产管理人员等实用型人才和管理人才。如果缺乏第一种人才会造成先进的科学技术无法投入生产；如果缺乏第二种人才就会导致先进的技术没有办法转化为生产力。因而，要大力发展高等职业技术。

对于高等职业教育的发展不能再走之前学术院校的老路，要敢于创新，更新自身的观念。高等职业学校是独一无二的，不能片面追求常态化教育、正规化教育、大众化教育。高等职业教育的培养目标是培养专用型人才，以此为社会的现代化建设服务。为了实现这一培养目标就需要高等职业教育不仅在教育的内容上同时兼顾学生的基础理论知识和专业知识，还要保证理论与实际相结合，将理论运用于实践，不断提升自身的技能。在高等职业教育中不需要对基础课的深度和宽度过分强调，应该着眼于所设置的专业课程的应用性和针对性方面，帮助学生不断提高技能，为之后的工作打下基础。基于以上这些情况，高等职业学校在进行专业设置的时候应该以现实为依据，从城市的未来发展及社会的需求出发，所开设的专业应具有创新性和专业性，保证专业与城市的发展和区域的发展相吻合，为经济的发展助力，同时符合城市产业结构调整的需要，只有这样才能实现高等职业教育为经济和社会发展不断服务的宏伟目标。

4. 大力发展民办高等教育

就当前我国的高等教育而言，现在处于一个由精英阶段过渡到大众化阶段的过程。在一些经济发达的城市已经开始逐渐走向了高等教育普及化的阶段，随着招生规模的不断扩大，高等教育的大众化、普及化的实现成为当前需要解决的问题。对于该问题的解决有两种方法：一是普通高等学习进行扩招，二是发展民办教育。采取哪种方法、如何采取，是一个战略性的问题。我们可以对国外该问题的解决进行借鉴，在国外，为了解决高等教育普及化、大众化的问题，一般是通过发展私立大学来实现的。国外经过多年的发展，向我们证明了这可以成为高等教育快速发展、普及化的有效途径。如果采用普通高校扩招必然会导致教育质量的下降和办学条件的降低，是不可取的方式。在我国，高等教育是分层次的，对于普通高校而言，不可能承担起所有层次的高等教育的教学任务，这就需要将不同层次的高等教育任务分给不同类型的高等学校来承担。在我国，民办高等学校的定位是大专层次，这也决定了其在我国高等教育大众化、普及化过程中所具有的重要的地位。

改革开放以来，我国的民办高等教育获得了新的生机和发展，其总体的数量与普通高校基本持平。但是，我国的民办高等教育多为培训机构和进修机构，只有少部分民办高校可以颁发国家承认的学历，占比不到百分之五。为了实现高等教育的大众化、普及化需要加大可以颁发国家承认学历的民办高校的比重。在整个的高等教育发展的过程中，民办高校将成为教育中的新的增长点，其发展势头迅猛，已成为我国高等教育普及化的重要组成部分。

（四）重视成人教育在城市教育服务管理中的主体作用

从成人个体不同的人生阶段出发，同时也是为了满足整个社会的协调发展，在个人成年之后，社会对其进行的有组织、有计划的教育活动就是成人教育。成人教育的主要目的是使成人的生活质量得到提高，进而保证社会的稳定发展和经济的持续增长。对此，我们可以看出，鼓励和发展成人教育，不仅对于提高劳动者的素质具有显著的作用，而且还能促进社会经济的稳步发展与进步，对于当前的城市教育服务管理也具有建设性的作用。

在建设城市教育服务管理体系的过程中，成人教育可以起到非常重要的作用。“成人教育是21世纪的关键”是1997年联合国教科文组织召开的第五次国际成人教育会议的主题，这也表明了将来的社会是一个以成人教育为主体的社会，21世纪是终身教育的时代。为此，要使成人教育在今后获得稳定的、更进一步的发展，可以从以下几个方面入手。

1. 拓宽成人入学渠道

为了保证城市教育服务管理建设的顺利推进，需要对各级各类的招生渠道进行打通，需要面向社会，尤其是对成年人进行开放。在传统的考试方式之外，加设多元化的招生方式。比如，实行登记入学制度，对于社区学院和成人高校可以推行这一制度，让更多的学生进入学校进行学习，然后严格把控学生毕业。成人在满足基本的入学条件后可以不参加考试入学，在经过学习之后，完成学业考试并通过即可获得相应的学历证书。这可以激发起成人参加学习的愿望，保证成人教育的进步和发展。

2. 建立市民学习成果认证制度

众所周知，对于非正式、非正规和非学历的学习和培训而言，它们具有“低投入、高产出”的特点，在个人的成长过程中和促进社会的进步过程中非正式、非正规和非学历的学习和培训有着重要的意义和作用。在现代社会中，生活节奏不断加快，要充分发挥这类学习和培训所具有的“短、平、快”的优势，对于个人的自学应该给予鼓励和支持。鉴于此，可以实行和推广公民学习成果认证制度。公民在参加完此类培训之后所取得的学习成果、学习成绩，可以经过有关部门进行评估和认证，对学习者的学习成果给予肯定，对此学习者会更加具有学习热情，学习成果和学习成绩也可以作为之后职位升迁、职位调动等的参考依据。学习成果认证制度可以激励学习者终身学习，在生活中、工作中不断主动、自发、自主、自觉地进行学习。

3. 实行学分累计制

成人在工作后，时间有限，这就导致学习和工作上会出现很多的矛盾，一些在职的职工很难在规定的时间之内完成相应的学历教育。为了解决这个矛盾，学校可以推行学分累积制，主要采用零存零取的方法，通过各种方式来保证学习者完成相应的学历教育任务。对于学分的取得，在职的职工可以通过以下学习途径来获得：一是正规学校教育活动，二是非正规自身学习活动，对这些学分进行累加，当学分积累到一定的程度之后，满足学历所规定的学分要求，就可以获得相应的学历证书。实行的学分累积制可谓是对传统学历教育学籍管理制度的重大突破，不仅帮助成人提升了学历，开拓了学历教育的空间，还能使成人将学习、工作、生活融合在一起。

4. 实行员工教育休假制

根据《职工教育管理条例》《继续教育管理条例》这两个条例，为了促进在职职工对本工作的处理能力，员工可以带薪进行相关的文化知识的学习和对专业技能的培训。但就目前的中国劳动力市场而言，该制度并没有落实，鉴于此，可以通过法律法规的形式明确在职职工的教育休假制度，从法律层面上保证教育的长远发展和个人的终身成长。

第四章　城市安全应急服务管理

本章主要介绍城市安全应急服务管理，主要内容有：突发自然灾害应急服务管理、突发公共卫生事件应急服务管理、突发社会安全事件应急服务管理和突发事故灾害应急服务管理。

第一节　突发自然灾害应急服务管理

一、城市灾害的定义和特点

（一）城市灾害的定义

灾害是由自然因素、人为因素或者两者兼而有的原因引发的对人类生命、财产和人类生存环境造成破坏损失的现象或过程，马宗晋这样给灾害定义。灾害是自然系统和人类物质文化系统相互作用的产物，而不仅仅是单纯的自然现象或社会现象。它是自然和社会因素共同作用的结果。

顾建华等国内外灾害研究者认为，灾害是一种影响到社区或者社会大多数人，并且使社会在未来几年内丧失承受或者恢复损失的能力的现象。灾害对人类社会产生的巨大影响，主要体现在两个方面：第一，在规模上，灾害相对于它所作用的社区或社会来说是相当大的；第二，在方式上，灾害作用于社区或社会系统的人类成员及人工基础设施，是相对突然的，且有巨大的物理冲击。

随着社会的发展、灾害学科研究的不断深入，国内外学者普遍认为，灾害是由于致灾因子的破坏性影响造成的。随着人类活动的加剧，致灾因子越来越不稳定，两者的共同作用，加快了灾害的发生。

所谓城市灾害就是承灾体为城市的灾害。城市灾害包括人为灾害、自然灾害及人为与自然混合灾害，如水灾、火灾、旱灾、地震、台风、爆炸、交通事故、化学品泄漏、动乱与恐怖袭击等。

据统计，城市灾害造成的人员伤亡已占全部灾害死亡人数的 60 %，占财产损失的 80% 以上。

如今，人们对城市灾害有了更新的认识。城市新灾害，不仅指人为灾害在加剧，还包括一些突发性灾难、城市建设新灾等环境公害。

（二）城市灾害的特点

城市是社会经济、文化、政治中心，人口众多，建筑密集，财富集中。因此，城市灾害具有种类多、损失重、影响大、连发性强、灾害损失增长严重等特点。

1. 灾害的种类繁多

经济在发展，城市遭受灾害的机会和种类也在大大地增加、增多。除地震、洪水、干旱、台风、火灾、战争、瘟疫等传统灾害外，随着人类对资源的开发和工程活动的加剧，又出现了多种新的灾害，如水库地震、矿山采空塌陷、温室效应、工程事故及化学污染、核泄漏、科技灾害等。传统灾害与新发灾害交织在一起，更加严重地威胁到了人类安全。

2. 受灾对象多，灾害造成的损失异常严重

近几年来，我国的防灾减灾能力有了显著提高。但由于城市人口密集、经济集中，城市受灾对象，远远要比经济欠发达地区，尤其是农村还要大得多。城市受灾对象包括各种建筑物、构筑物、供水、供电、供气、供热、通信等生命线工程、水利工程设施、交通设施、文物古迹等。

3. 连发性强

城市是一个巨大的人造生态系统，需要依靠人工建造的水电、燃气、交通、通信等系统来维持。由此可见，城市各部门间，特别是工业部门之间，联系十分紧密，且十分复杂。因此，一旦有灾害发生，一个系统受损，很容易形成连锁反应，导致多个系统运行不畅，发生一系列的次生灾害和衍生灾害。伴随城市不断扩张，

人口密度和经济的发展提高，这一特点更加显著。

4. 城市灾害对人类的影响深远

城市灾害不仅危害人类健康和生命，还严重破坏了人类赖以生存的资源和环境。例如，破坏房屋、破坏道路等工程设施。资源和环境的自我修复能力是很缓慢的，一旦遭到破坏，基本上需要几十年，甚至几百年才能慢慢恢复，有些毁灭性破坏，可能永远不能修复。人类赖以生存的资源和环境遭受灾害，不但直接危害到当代人的生存和发展，更大的影响是威胁到子孙后代的生存发展，给人类带来非常大的负面影响。

5. 灾害损失增长严重

随着城市化的迅速发展、人类工业化水平的提高，城市人口和社会财富也在不断增加。为了满足人类和城市急剧增长的需要，人类开始掠夺式地开发自然资源、过量抽取地下水、大量开挖地基、路基，而且肆无忌惮地排放废气、废水、废渣。人类的这些活动，使城市环境遭到了严重的破坏，如大气污染、工业和生活废水污染、酸雨及臭氧层被破坏、城市热岛效应日益严重等。城市工业化进程越快，经济发展越迅速，会使城市环境遭受危害的机会变大。有的专家认为，经济总量每翻一番，灾害损失将增加 2 倍～3 倍。这些情况，在包括我国在内的发展中国家的城市表现更为突出。

在我国，发展经济势在必行，加快城市化进程也是政府的主要目标之一。但是，由于城市发展过程中，人口和经济快速增长，使得灾害发生的可能性越来越高，遭受的损失越来越严重。因此，在提高城市集约化、现代化水平的同时，重视提高城市的综合防灾能力，把灾害损失减少到最低程度，也应该引起我们的特别重视。

二、城市自然灾害的分类

城市灾害一般分为三类：自然灾害、技术灾害和社会灾害。自然灾害是指，强烈的破坏性自然事件，如地震、龙卷风、海啸等。技术灾害是指，如火灾、爆炸等，因为人们管理不当或者掌握的技术还不够完备，而给社会造成的巨大破坏。

类似的灾害还包括核泄漏事故、重大交通事故等。社会灾害指的是人类的故意行为导致的灾害，如社会性骚乱、战争、恐怖袭击等。

其中，城市自然灾害包括：城市地震灾害、城市洪水灾害、城市气象灾害、城市地质灾害。

（一）城市地震灾害

地震分为天然地震和人工地震两大类，是一种破坏力极强的自然灾害。其中，天然地震主要指构造地震、火山地震、陷落地震、陨石冲击地震等。它的特点是，突发性、危害范围广、造成的损失严重。人工地震主要指因工业爆破、地下核爆炸、大型水库蓄水、深井高压注水等引起的地震。人工地震的特点是，强度较低，影响范围较小，破坏较轻。

我国是世界上大陆地震最多的国家，主要是因为我国地处环太平洋地震带与欧亚地震带之间，地质构造复杂，地震活动频繁。据统计，自有记载到 1990 年，我国已经发生破坏性地震 1 009 次。20 世纪以来，我国已经发生 6 级及以上地震 650 余次。其中，7～7.9 级地震就有 98 次之多，8 级及以上地震 9 次；1949 年之后，发生了 49 次 7 级以上地震。地震造成了 28 万人的死亡，700 余间房屋倒塌，平均经济损失约有 10 亿元。

地震引起地壳结构改变，带来房屋的倒塌和工程设施的破坏，以及人员的伤亡。除此之外，还可能会诱发山体滑坡、火灾、海啸、地裂缝、爆炸、有毒气体泄漏和瘟疫等次生灾害的发生。特别是在大城市，房屋集中、人口密度大，地震的破坏性往往更为突出。

1976 年 7 月 28 日，河北唐山发生里氏 7.8 级大地震，23 秒钟后唐山被夷为废墟。地震造成死亡人数多达 24.2 万余人，受伤人数 16.4 万，1 479 万平方米的房屋损毁，其中民房 630 万间，造成了高达 100 万亿元的直接经济损失。与此同时，市内通信、交通、供水供电、医疗设施等生命线工程全部被破坏；特别是唐山电厂厂房倒塌、设备损坏、变电站、输电线路严重破坏，京津唐电网发电量的 30 % 受到影响；因为铁路公路等交通生命线破坏严重，桥梁垮塌，使得唐山对外交通几乎断绝；市区内的水源井被破坏，供水管网和水厂建筑物受损，导致供水中断；

矿井倒塌，供电中断又使得近万名工人被困井下；工厂破坏、水库大坝垮塌……

总结起来，城市地震灾害的特点有以下三点：

（1）城市地震灾害造成的人员伤亡和财产损失是惨重、巨大的。一旦遭遇地震，对城市来说几乎是毁灭性的打击，几十年、几百年的建设成就化为乌有。在未来，随着城市规模越来越大，地震灾害带来的危害也将愈加严重。城市高楼林立、人口密度高，一旦发生地震，人员伤亡不可估量。同时，地震对城市生命线工程破坏力巨大。例如，交通系统，地震使城市道路开裂，高速公路的立交桥倒塌，机场瘫痪、铁轨扭曲，不仅会出现交通事故，而且会造成交通体系停止运营。此外，由于电力系统、上下水道、煤气管道、通信网络出现震害，城市将处于混乱的状态中。

（2）城市灾害后还会发生比较严重的次生灾害。唐山、阪神等城市发生地震灾害后均伴随不同程度的火灾、水灾。这是因为城市的各个角落存在各种危险品、易燃易爆品。这些灾害源，在地震时常出现严重的意料之外的次生灾害。

（3）城市地震灾害会造成严重的社会问题。地震灾害的预防工作分为两大类，工程性措施和非工程性措施。地震灾害带来的人员伤亡和财产损失，主要是因为建筑物倒塌而造成的。所以，提前进行抗震设防是减轻地震灾害的主要工程性措施。唐山地震带给我们的经验，采取工程性抗震措施所起到的作用，跟不采取措施相比，大大提高了防震抗灾的效果。预防震灾的非工程性措施，主要包括通过宣传教育提高全民的防震减灾意识，提高全民的主动参与意识，如可以经常开展防震减灾演习。

（二）城市洪水灾害

洪水灾害是由于暴雨或急骤的冰雪融化或水利工程故障等原因，引起江河湖泊水量猛增，水位急剧上涨，洪水冲出河道堤坝引起的灾害。我国根据洪水水情和防洪水平，一般将洪水划分为 5 级：①一般洪水，重现期 2～10 年的洪水；②较大洪水，重现期 10～20 年的洪水；③大洪水，重现期 20～50 年的洪水；④特大洪水，重现期 50～100 年的洪水；⑤罕见的特大洪水，重现期为 100 年及以上的洪水。

除造成农业损失外，洪涝灾害对城市的破坏更为严重，包括房屋倒塌、设备损毁、工矿企业停产停业、生命线工程设施破坏及引起次生灾害等。首先，城市上空，由于雨滴凝结核比较丰富，有上升气流，云量较多，因此降雨量较自然状态下一般可增加 5 %～10 %，在工业区下风处更为明显。其次，城市中大片土地基本为建设用地，植被被破坏，不透水地面与路基面积扩大，使其不透水程度增加 20 %～90 %。这些变化促使地表水径流量与径流速度增加，加之城市化对泄洪道的不利影响，致使城市洪水灾害日渐严重。

我国是一个洪涝灾害频繁发生的国家，主要江河河道的中下游地区有 800 多个县市处于洪水水位以下，占全国县市总数 34 %，工农业总产值占全国的 60 %，涉及 5 亿多人口。中华人民共和国成立以来，长江、淮河、海河发生的几次大洪水造成了严重的经济损失。1998 年长江发生了 1954 年以来的又一次全流域性大洪水，松花江、嫩江出现特大洪水，超过历史纪录，引起举国上下的高度关注。此次洪水量级大、持续时间长、涉及范围广，造成了非常严重的洪涝灾害。据统计，全国共有 29 个省（区、市）遭受了不同程度的洪灾，受灾面积 3.18 亿亩，成灾面积 1.96 亿亩，受灾人口 2.23 亿人，死亡 3 004 人（其中长江流域 1 320 人），倒塌房屋 497 万间，各地估报直接经济损失 1 666 亿元。江西、湖南、湖北、黑龙江、内蒙古和吉林等省（区）受灾最重。

相对于洪涝灾害的严重程度，我国城市的防洪能力却没有得到相应的提高。截止到 1994 年年底，我国有 531 座城市有防洪任务。但是，这些城市防洪任务的防洪标准大多较低。防洪标准达到 50 年一遇及以上的仅有 93 座，占总数的 18 %；防洪标准在 20～50 年一遇的有 161 座，占 30 %；防洪标准在 10～20 年一遇的有 118 座，占 22 %；防洪标准低于 10 年一遇的有 120 座，占 23 %；防洪标准有待进一步核定的有 39 座，占 7 %。在这 531 座有防洪任务的城市中，全国重点防洪城市由 25 座增加到了 31 座。但是，这 31 座重点防洪城市的防洪标准同样偏低。例如，防洪标准达到 100 年一遇的仅有北京、上海、哈尔滨、长春和沈阳 5 座城市；防洪标准达到 50 年一遇的有广州、郑州、开封、济南和齐齐哈尔 5 座城市；其他 21 座城市的防洪标准均不足 50 年一遇，其中甚至包括一些如南京、合肥等省会城市。现有城市的防洪标准与这些城市的地位极不相称。

随着我国经济快速发展，对防洪防汛的要求及对水资源保障的要求越来越高。虽然到2000年底，我国已经建成江河堤防26万多公里，兴修各类水库8.5万多座，初步形成了防汛抗旱体系，但是如不及时采取分洪措施，我国中小河流只能防御小洪水，一旦遇到中等洪水就会形成洪灾；大江大河的干流防堤也只能防御20年一遇的洪水。全国8万多座水库中，有四分之一的大中型水库、五分之二的小型水库属于病库、险库。我国的现状是，城市在不断扩大、城市人口在不断增加，同样的洪水灾害所造成的损失较过去几倍甚至几十倍地增加。因此，目前全国城市的防洪形势非常严峻、不容乐观。

（三）城市气象灾害

1. 城市气象灾害的特点

（1）城市气象灾害具有明显的季节性。夏季是一年中防汛减灾最重要的时期。这是因为气候变化的周期性和季节性，城市灾害也具有周期性和季节性的特征。例如，台风、暴雨、雷电和龙卷风等重大灾害性天气都发生在夏季。大雪、冰冻、大雾等灾害性天气都发生在冬季，春季和秋季灾害性天气相对比较少。

（2）城市气象灾害具有连锁性。这是因为，城市的系统化运行，使得供水、供电、交通、通信、供气等工程之间联系紧密。如果发生气象灾害，使其中某一个系统受损，很容易造成连锁反应，产生一系列次生灾害和衍生灾害。

（3）城市气象灾害具有集中性。这是因为相比周围地区，城市人口和经济更加集中，发生同等剧烈程度的气象灾害，损失要大得多。

（4）与其他灾害损失相比，城市气象灾害占的比重较大。近40多年的国内外资料统计，城市气象灾害损失占城市综合致灾损失的60％以上。

2. 城市气象灾害的类型

城市气象灾害的类型，一般包括暴雨洪涝、高温干旱、热带气旋、高温热浪、风暴潮、雾灾、大风、雷电灾害、冰雪灾害、沙尘暴等。

（1）暴雨洪涝：暴雨常引起山洪暴发、江河泛滥，导致城市发生涝灾。城市如果遭受长时间强暴雨的袭击会造成城市正常运行的瘫痪。比较典型的，如上海市2001年8月初的一场暴雨，24小时内降雨量达到了294毫米，刷新了1969

年 8 月初 24 小时降雨量 204 毫米的纪录，市中心区一小时集中降雨量达 75.6 毫米，远远超过了 1950 年市中心区出现的一小时 50 毫米的降雨量纪录，成为上海市 50 年未遇的特大暴雨，造成了铁路部分中断、航班延误、房屋毁坏、送电线路故障、市内交通严重受阻等一系列的灾害。

（2）高温干旱：干旱灾害主要是因为长期无雨或少雨，造成水库和河流水位下降，影响城市供水，沿海一些城市甚至出现地面下沉，海水倒灌现象。目前，全国 420 多个城市存在干旱缺水问题，缺水比较严重的城市有 110 个。全国每年因城市缺水影响产值达 2 000 亿至 3 000 亿元。

（3）热带气旋：热带气旋是生成于热带或副热带洋面上的气旋性涡旋。热带气旋包括热带低压、热带风暴、强热带风暴、台风、超强台风等。强烈的热带气旋，会带来狂风巨浪，造成暴雨、风暴潮等灾难性天气。因为我国东临西北太平洋，所以我国是世界上发生台风天气最多的地区。

（4）高温热浪：夏季天气炎热，加之城市“热岛效应”的加热作用，加剧了城市的炎热程度。连续的高温，使许多种类的工作不得不放慢节奏、缩短工时，甚至停产。高温还会增加心脏病、脑血管疾病的发病概率，死亡率也会相应增高。2003 年夏季，高温热浪席卷欧亚大陆，各国死亡人数惊人——印度 1 045 人，法国超过一万人，意大利 34 071 人；我国南方也遭受了热浪袭击，出现持续高温天气，8 月份的浙江丽水市出现了 43.2℃的高温（只比吐鲁番低 0.1℃），40℃以上的天气持续 12 天（共 16 天），为历史之最；2000 年北京市最高气温 42.2℃，破百年纪录。

（5）风暴潮：风暴潮又称“风暴海啸”，多见于夏秋季节，由于剧烈的大气运动，海水异常升降，出现海区的潮位大大地超过平常潮位的现象。风暴潮影响的范围一般几十至上千公里，持续时间 1～100 小时。如逢天文大潮，常形成重灾。1989 年 08 号台风风暴潮使广东损失 11.13 亿元，1989 年 23 号台风风暴潮使浙江损失 13.23 亿元。

（6）雾灾：雾是大量小水滴悬浮在近地表大气层中，使水平能见度小于 1 000 米的天气现象。根据雾天能见度划分等级，可分为重雾、中雾、轻雾。重雾能见度小于 50 米，极容易形成雾灾，影响飞机起降、汽车和火车行驶、船舶航行，使交通受阻甚至造成交通事故。例如，1994 年 11 月两天大雾造成首都机场 200 个航班延误，40 个航班取消，滞留旅客 2 万余人。

（7）大风：在气象学中，大风专指 8 级以上的风。在城市中，大风会毁灭地面设施和建筑物，如房屋倒塌、悬挂物掉落、电网线路破坏、大树折断等，造成人员伤亡和经济损失。相关的案例，如 1993 年 4 月 9 日，北京市出现 7～8 级大风，4 个城区有 40 多处广告牌及高楼悬挂物被风吹落。造成 1 人死亡，15 人受伤，1 人截肢。从零时至晚 6 时，全市接火警 25 起，出动消防车 70 多辆，损失超过 1.5 亿元。

（8）雷电灾害：雷电灾害对城市的影响，主要是因雷电波入侵、雷击电磁脉冲干扰而导致的电力系统、通信系统、雷达天线及其他电子信息系统故障或失效，而产生直接经济损失或间接经济损失。

（9）冰雪灾害：冰雪灾害一般随雪量和积雪深度的增加而扩大受灾程度。对工程设施、交通运输和人民生命财产造成直接破坏，是比较严重的自然灾害。大雪还容易压断通信、输电线路，我国曾出现过几次因大雪而造成的大范围停电事故。

（10）沙尘暴：沙尘暴是突然发生的携带大量沙尘的大风，使空气浑浊，水平能见度低的天气现象，主要发生在我国西北和华北北部地区。沙尘暴可造成房屋倒塌、交通供电受阻或中断、火灾、人畜伤亡等，给国民经济建设和人民生命财产造成严重损失和极大危害。由于生态恶化、荒漠化加剧，我国已有 2.4 万个村庄消失。

（四）城市地质灾害

地质灾害是指以地质活动或地质异常变化为主要成因的自然灾害。地质作用导致岩土体位移、地面变形及地质自然恶化，如崩塌、滑坡、地裂缝、泥石流、煤层自燃、水土流失、土地沙漠化等。究其成因，有些是因为自然现象引起的，如崩塌、泥石流、滑坡等，主要由自然变化导致的地质灾害就是自然地质灾害；有些地质灾害主要由人为作用诱发，如土地沙漠化、水土流失、土地盐碱化、土地沼泽化等。就地质环境或地质体变化的速度而言，可分为突发性地质灾害与缓变性地质灾害两大类。

中国地域辽阔，地质条件复杂，山地、高原和丘陵占国土面积的 2/3 以上，是世界上地质灾害多发的国家之一。崩塌、泥石流、滑坡等突发性地质灾害几乎全国范围都有发生。随着国土资源开发强度不断加大，生态环境、自然资源和经济社会发展的矛盾日益突出。城市地质灾害主要表现在崩塌、滑坡、泥石流、地面沉降、地裂缝及水资源匮乏方面等。

（1）崩塌：又称“塌方”，是指较为陡斜坡上的岩体或土体在重力作用下，突然脱离母体，发生崩落、滚动、堆积在坡脚（或沟谷）的现象或过程。产生在土体中的称土崩，产生在岩体中的称岩崩，规模巨大、涉及山体的称山崩。

我国的崩塌灾害主要分布在云贵川藏四个省区，以及西北黄土高原地区，具有明显的区域性特点。这些地区崩塌灾害一旦发生，会具有规模大、类型多、分布广泛的特点，危害性特别严重，成了影响国民经济发展和人身安全的制约因素之一。

（2）滑坡：滑坡是指斜坡上的土体或岩体，受某些因素，如河流冲刷、地下水活动、雨水浸泡、地震及人工切坡的影响，在重力作用下沿着一定的软弱结构面发生整体顺坡下滑的现象或过程。滑坡有许多危害，如破坏房屋和其他工程设、破坏农作物和耕地、造成人畜伤亡、阻塞河道等。城市建设过程中，大量开挖地基、路基、坡脚，以及爆破施工和水循环系统的改变，使城市滑坡大幅度上升。云贵陕川等省是滑坡多发地区，据不完全统计，每年发生的滑坡数以万计。

（3）泥石流：泥石流是山区，或沟谷等地形险峻的地区，因为暴雨、冰雪融水或其他自然灾害引发的山体滑坡。其是携带有大量泥沙石块的特色洪流。泥石流大多伴随山区洪水而发生，又因其含有足够数量的泥沙石等固体碎屑物，流速快、流量大，比洪水更具有破坏力。泥石常常会冲毁公路铁路等交通设施，甚至村镇，破坏房屋，造成人畜伤亡。此外，泥石流有时也会淤塞河道，不但阻断航运，还可能引起水灾，造成巨大损失。

泥石流一般发生在半干旱山区或高原冰川区。我国泥石流发生规模大、频率高、危害严重的主要有以下几个地区。

①滇西北、滇东北山区。例如，1979 年滇西北的怒江州有六库、泸水、福灵、

贡山等五县 40 余条沟谷暴发了泥石流，为近 30 年来最多、最严重的一年，造成了巨大的经济损失。

②川西地区。1981 年该地区甘孜、阿坝、凉山、渡口、绵阳等地区的 50 个县 100 余条沟谷暴发了泥石流，其中凉山州城洛县利子依达沟大型黏性泥石流为我国铁路运营史上遭受的泥石流灾害之冠。

③陕南秦岭——大巴山区。例如，1981 年该地区的略阳、留坝、凤县、南郑、勉县、宁强、汉中等县都发生了较大的泥石流，仅宝成铁路凤州、略阳一带的铁路沿线就有 134 条沟谷暴发了泥石流，造成了巨大损失。

（4）地面沉降：又称“地面下沉或地陷”。地表岩体或土体受自然作用或人类工程经济活动影响，导致地面向下陷落，形成塌陷坑洞而造成灾害现象或过程。导致地面沉降的因素主要有两种，一是自然动力因素，主要包括地震、火山活动及沉积物固结压实等，二是人为因素，主要包括地下开挖采空，修建地下工程，大量抽水等。地面沉降主要破坏城市设施，造成道路凹凸不平或开裂，地下管道破裂，破坏堤坝等工程设施；地面沉降还会使海平面相对上升，江河行洪能力下降，防洪排涝受到影响，威胁到城市安全。截至 2011 年，我国有 50 余个城市出现地面沉降，包括天津、上海、宁波、常州、嘉兴、西安、太原、北京等都发生了不同程度的地面沉降。长三角地区、华北平原和汾渭盆地已成为重灾区。

（5）地裂缝：指地表岩层土体在自然因素或人为因素的作用下，产生开裂在地面形成一定长度和宽度的裂缝的现象或过程。地裂缝一部分与地震活动相关；由强震产生的地裂缝称为地震裂缝。另一类地裂缝与人为原因有关，如超量开采地下水引起地面沉降；矿山采空区落顶或岩溶塌陷等也会在地表产生地裂缝。地裂缝主要危害房屋与工程设施的安全。

陕西省省会西安是我国地裂缝灾害最典型，也是最严重的城市。早在 1959 年，该市就发现了地裂缝，1976 年以后，地裂缝的活动强度急剧增大。截止到 1989 年，城、郊区确定的主要地裂缝有 10 条，合计总长 40 公里，其中最长的有 10 公里，地裂区面积达到惊人的 150 平方公里。地裂缝严重影响西安人民的生活和经济的生产建设。调查显示，地裂缝使 132 幢楼房遭到破坏，其中 21 幢全部或部分拆毁，还有 1 057 间平房毁坏或受损；主道路破坏 60 处，围墙 427 堵、深水井 3 口，地下管道 10 处，包括礼堂、蓄水池、游泳池、停车场在内的公共设施 7 处；受损工厂 91 座，中小学及大专院校 40 所，村寨 41 个，其他企事业单位 97 处，仅楼房、平房损失估计达 2 164.6 万元。若将其他损失费及维修费等计算在内，则损失更大。

在水资源匮乏的城市，地质环境面临的另一个严峻形势就是水资源紧缺及污染严重。我国人均水资源占有量仅 2 300 立方米，不足世界人均量的 1/4，而且时空分布很不均匀。目前，全国大中城市中有 400 多个城市缺水，其中 100 多个城市严重缺水。特别是西北、华北、山东、辽中南及沿海部分城市，水资源的供需矛盾更加突出。过量开采地下水，导致区域地下水位持续下降，一些地区表层植被枯死，土地荒漠化，地面沉降，海水入侵等地质灾害频繁发生。地面沉降导致城市基础设施被破坏，防洪能力下降、内涝严重。海水入侵使地下水不断咸化，加上工业“三废”和生活污水排放的影响，全国有 50 % 以上的城市地下水受到不同程度的污染。污水灌溉和农药、化肥的大量使用，造成大面积土壤和地下水“三氮”含量增加。

不同类型、处在不同地理位置的城市具有不同的工程地质问题。例如：山区城市往往地形起伏较大，基岩裸露，城市建设时挖填方量大，物理地质现象较多，重力作用显著，还可能有山洪发生；而平原区城市则地形起伏小，常有大片第四纪地层的覆盖，地表水体发育，过量抽取地下水会引起地面沉降；矿区城市往往具有人为改变地下水动力场、地下水水质恶化、三废污染严重、常形成地下采空区，导致地面塌陷危害等问题；滨海城市往往存在着海相淤泥或海相软土，易遭受风暴潮袭击。总之，在进行城市工程地质研究时，必须首先把握住城市的类型和城市功能，这样才能对城市存在的工程地质问题及其产生根源有比较清楚的认识，能够采取正确的对策。

三、城市自然灾害风险系统与基本特征

（一）城市自然灾害风险系统

城市自然灾害风险系统与城市自然灾害系统密切相关。太阳活动、地球运行

及相关联的各圈层物质同步变异和互相影响，导致自然灾害的发生。作为地球复杂巨系统的有机组成部分之一，城市自然灾害系统，还涉及人口增长、资源开发、环境变化、社会经济发展等多变量因素。也就是说，城市自然灾害系统的形成，是地球变异系统与社会系统变化之间发生激变的一种反映，是天、地、人、社会地球巨系统的一个子系统，而自然灾害、人为灾害是这个子系统下较低层次的子系统。一般认为，孕灾环境、致灾因子和城市人类社会环境作为承灾体的三者相互联系、相互影响的灾害系统，称为城市自然灾害系统。想要正确掌握各个灾种的发生、发展规律，需要应用地球系统科学的理论和方法，探讨城市自然灾害系统的成因和机制。

城市作为人类活动集聚度极高的场所，人及其相关的社会经济活动对整个灾害系统的影响显得尤其突出。它与其他各致灾因子共同作用于变异的城市环境系统，导致城市各类灾害基本都与人类活动有关。因此，必须充分重视城市作为自然灾害承灾体的作用。从城市自然灾害系统承灾体的角度，分析城市面临各种自然灾害风险的复杂系统，称为城市自然灾害风险系统。城市自然灾害风险系统由致灾因子、城市人类社会环境的暴露程度和承灾体的脆弱性构成，如图 4-1 所示。这三个因素，共同决定了城市自然灾害发生的风险。实际上，因为现在全球气候的变化，以及城市快速发展带来人口聚集，两者的作用也会影响自然灾害风险的评估。

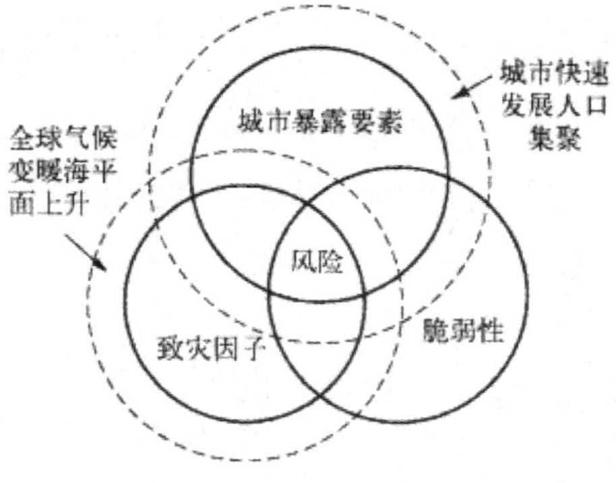

图 4–1　城市自然灾害风险系统

由此可见，城市自然灾害风险系统实际上是一个不断变化的、动态发展的系统。根据以往的监测数据得出的结论，近年来，随着全球的气候变化和海平面不断上升，各类致灾因子频繁出现，危险性日益加重；特别是沿海地区，城市化加速使得该区域人类活动更加密集，暴露性加大；人类对于防灾减灾逐步重视，各种减灾措施的实施和防灾标准不断提高，使沿海地区防御台风、风暴潮的能力有所提升。根据 IPCC（联合国政府间气候变化专门委员会）的预测，未来沿海地区台风、风暴潮出现的频率还会继续增大，危险性将更为严重；而我国沿海地区城市还在快速发展中，受台风、风暴潮影响下的人口和社会财富将会进一步增多。由此可见，人类受台风、风暴潮的危险性影响，从过去到现在，是一个递增式的增长。但只要有效提升人类自身应对灾害的能力，则灾害风险不但不会显著增加，甚至还会进一步降低。

在相同的致灾因子和孕灾环境下，城市自然灾害风险系统，通常取决于城市承灾体的多样性和复杂性。也就是说，在城市中不同的承灾体，因为地理位置、数量、价值、结构的不同，受灾害后损失程度和灾后恢复力也存在明显的差异性。这是城市自然灾害风险系统最显著的特点。

根据我国民政部对自然灾害承灾体类型的划分，可以将城市承灾体分为六大类型，人类、建筑、交通设施、生命线系统、生活与生产构筑物、室内财产。自然灾害六大类型的划分，给城市自然灾害暴露分析和脆弱性评估提供了依据。首先，人类是城市生活的主体，也是城市最重要的暴露因素，人口结构、密度等，其脆弱性与建筑本身的脆弱性有直接关系；其次重要的，是城市基础设施，主要包括生命线系统、交通设施等，因为其具有灾害发生时的连锁效应，给人口的脆弱性带来直接影响。

（二）城市自然灾害风险系统的基本特征

1. 城市自然灾害连锁效应

从致灾因子角度看，自然灾害发生之后，由此还会导致一系列其他灾害的发生，这些灾害就是我们所说的次生灾害和衍生灾害。也就是说，城市里各种灾害并不是单独发生的，某种强度较大的自然灾害发生之后，常常诱发一种或多种灾害，形成复杂的灾害链和灾害群。例如：地震灾害发生之后，容易造成滑坡、泥石流；水坝河堤决口造成水灾；震后瘟疫流行；易燃易爆物的引燃造成火灾、爆炸或由于管道破坏造成毒气泄漏。这些都是地震灾害后的次生灾害和衍生灾害。

从城市多承灾体的角度分析，现代城市各个子系统之间，功能高度关联，在空间上相互有很强的依赖性，因此城市灾害影响更多地表现为对城市系统功能破坏的连锁效应。特别是对城市生命线系统功能的破坏，如交通通信、给排水系统与供电等城市基础设施等，破坏更为严重影响了城市的社会秩序正常运转，特别是给人民生活带来不便，社会经济系统也没有办法正常运转。例如，2008 年 1 月，我国南方大部分地区遭遇罕见雪灾。暴雪导致电缆被压断，供电的基础设施——电网被毁坏，供电中断后电气化列车无法运行而导致交通运输受阻，电厂急需的煤炭无法运抵。由此产生的蝴蝶效应，使得城市系统无法正常运行。因此，自然灾害破坏城市的基础设施，会就造成城市灾害多承灾体的连锁效应，给经济发展造成重大损失，也严重影响人们的日常生活。

2. 城市自然灾害放大效应

城市自然灾害所造成的损失相比其他地区更为严重，呈现出明显的放大效应。这是由城市人口密集、经济发达、各类设施高度集中的特点决定的。城市自然灾害已经成为建设安全、和谐城市的主要障碍之一。

例如：7.8 级唐山大地震，23 秒造成城市地面建筑物倒塌，相比同年发生在川西北和云南的强震，人员伤亡和经济损失都要大；类似的还有 2005 年，美国新奥尔良市的飓风，几乎给整个城市带来了毁灭性打击；2008 年我国南方暴雪，造成南方许多城市交通瘫痪、供水供电等民生保证系统瘫痪，直接经济损失达 1 516.5 亿元人民币。

我国城镇化规模不断扩大，2003 年来城市数量已经发展到了 660 个，比 1949 年的 136 个高出近 5 倍；城市人口所占比重从 1949 年的不足 10 %，发展到 2005 年的 43 %。预测到 2050 年末，我国每年将有 1 000 万至 1 200 万农村人口转移到城市，城市化水平将达到 75 % 左右。城市化发展速度加快，势必增加新的灾害源，人口、财富、基础设施等暴露在灾害中的受灾体不断扩大，城市开始出现了生态环境恶化、经济增长模式落后、城乡差别进一步扩大的趋势。因此，给城市带来更加严重的，经济、社会环境、生态、灾害等方面的公共安全问题。

这些问题得不到有效解决，恶性循环之下，一些突发性灾害，如地震、洪涝、风暴潮、火灾、爆炸等各种自然或人为灾害，发生的可能性增加，往往会造成大量的人员伤亡和惨重的财产损失，严重地影响着社会稳定和城市的可持续发展。

3. 城市自然灾害人为效应

不同于其他地区，城市自然灾害所带来的损失，往往没有人为因素的烙印深刻。这是因为，城市灾害发生之后，往往还会伴随有比较严重的次生灾害，造成比自然灾害更加严重的损失。特别是在今天，城市高度现代化，带来的损失更加不可估量。例如，突发性洪涝、暴雪、风暴等自然灾害的发生，经常会引起城市交通瘫痪、火灾等人为灾害事故，严重影响社会经济发展，给城市居民生活带来不便。除此之外，城市作为人口生产集中区，其本身的人为灾害效应相比其他地区也更为突出。

城市超过标准排放垃圾、污水等污染物；地下水被过量开采等人为因素，是城市自然灾害人为效应的主要表现。由此会引起自然环境污染、地面沉降、城市地体坍塌等城市灾害，特别是我国沿海一些城市，因为地处内陆、海洋结合部，经济更为发达，人口也更加密集，并且在自然灾害方面，承受着来自海陆双重侵扰，在不同类型灾害的相互作用下，城市自然灾害和人为灾害互相交织的特征更加显著。

城市道路交通事故是城市自然灾害人为因素一个非常重要的方面。近几年来，更是进入高发期。据统计数据和研究资料表明，我国道路交通事故持续上升，由 1986 年的 29 万起，上升到 2002 年的 77 万起，年均增长 6.3 %。死亡人数由 1986 年的 5 万人，上升到 2002 年的 10.9 万人，年均增长 5 %。城市火灾比例也在逐年上升。据《中国火灾统计年鉴》统计数据表明，20 世纪 80 年代开始，城市火灾约占全部特大火灾的 80 %。可见，城市自然灾害风险系统皆带有人为因素的深刻烙印。

四、城市突发自然灾害应急服务管理的优化策略

为保证我国的城市安全与发展，党在十六届三中全会提出“建立健全各种预

警和应急机制，提高政府应对突发事件和风险的能力”。国务院也已经成立了应急预案工作小组，各部委、各省市已开始行动。突发自然灾害应急机制的建立和完善已成为重中之重。通过上述分析，特建议如下：

（一）建立统一的城市安全与综合防灾应急专门机构

1. 体制上设置专门机构

我国政府通过设置专门机构，专人负责安全与防灾应急领域工作，并领导和协调各部委、各省市及全国相应部门，一步步完善我国城市安全领域减灾及应急体系的机构设置、战略部署、科研规划、人才培养等工作。

2. 建立综合防灾应急指挥专门机构

大城市应建立综合防灾应急指挥专门机构，专门负责城市安全与防灾应急工作。建立应急协调联动机制，统一指挥协调各部门防灾救灾力量，提高城市应急防灾能力。

3. 启动城市突发自然灾害应急联动建设工程

将交通（122）、巡特警（110）、火警（119）等网络与急救中心（120）形成联动互动，建立类似美国“911”应急反应系统，统一指挥、统一调配，各个部门可以同时接收到灾难发生情况，统计人员伤亡情况，再根据情况进行协调运转，以便使分属各部门的灾害应急管理资源得到更有效的配置，使救援更高效。

（二）加强防灾应急法律体系建设

加速完成“紧急事务法”“综合防灾减灾法”等重要法律的制定。增强城市灾害应急协调机制的预案性和程序性，制订相关的城市灾害应急管理条例，明确规定各个部门应有的责任和动作。一旦发生紧急事件，应急协调联动机制便自觉启动，各个部门都自主地进入状态，迅速形成统一力量，从容应对突发事件。

（三）加强城市规划与建设过程中的防灾管理

改善城市防灾条件，提高城市防灾应急能力。建议对城市建设用地强制进行防灾可行性评价。应针对城市防灾应急要求进行避灾、救灾疏散的规划，对灾害危险区、次生灾害危险源点项目应进行灾害安全评价，提高城市的安全与防灾水平。在城市规划建设中应加快旧城改造建设步伐，改善旧城区的环境，完善市内道路交通网络，保证灾害发生后有便捷的疏散通道和畅通的运输条件。

（四）建立城市安全与防灾学科

1. 加大科研投入，建设防灾应急宣传、培训、教育体系

建议国家立项并组织科学家、技术专家从防灾应急技术、公共政策、社会心理、法律等各领域进行防灾应急体系研究，保证公众在突发事件下更好地获得生命安全保障。从上至下建立综合防灾应急的培训教育体系，加强急救专业培训。一是加强对现有的医疗、救灾部门的专业人员应急应变方面的训练。二是加大急救志愿者的培训力度，抢救培训要覆盖各行各业。特别是公共场所的工作人员，如保安、商场营业员、司机等都要经过急救专业培训，使他们随时可以成为创伤抢救的志愿者，参加救灾服务。

2. 建立稳定的发言人制度，让谣言止于权威渠道

城市灾害往往具有放大效应，常常对人们的心理造成创伤，影响社会生活秩序。因此，在突发事件发生后，政府在迅速组织实施救援、安置的同时，必须认真做好稳定人心的工作，及时向公众公布事件的真实情况，通报案件侦破的进展，尽可能地减少社会恐慌心理带来的负面影响，树立政府新形象。

3. 加大宣传力度

通过向广大市民普及对城市灾害的防御、救援常识，让市民了解和掌握发生灾害时应该怎么自救。经常性地组织市民进行突发事件训练和演习，以提高市民当灾害来临时，自救、互救的能力。同时，防灾教育要从娃娃抓起，重视中小学生的安全教育和防灾教育，培养他们从小树立防灾观念和安全意识。通过以上几点，营造防灾减灾的社会氛围，共同构筑城市公共安全屏障。

（五）借鉴国外应急救灾队伍建设经验

以消防队伍为主体，扩展服务内容和范围，建设一支专门的应急救灾队伍，加强区域城市间的协调救灾能力，互助互救，发挥综合抢险救灾作用，提高城市应对突发灾害的能力。

第二节　突发公共卫生事件应急服务管理

一、城市突发公共卫生事件的定义与特点

（一）城市突发公共卫生事件的定义

国家在2003年5月9日颁布了《突发公共卫生事件应急条例》，在该条例中对突发公共卫生事件做出了明确的定义，即指突然发生的、可能造成或者已经造成严重损害社会公众健康的重大传染病疫情、重大食物和职业中毒、群体性不明原因疾病及其他严重影响公众健康的事件。

（二）城市突发公共卫生事件的特点

1. 成因的多样性

城市突发公共卫生事件具有成因的多样性。很多的公共卫生事件与地震、火灾、水灾等自然灾害有着密切的联系。同时，还有很多的公共卫生事件与生态的破坏、环境的污染、交通的事故等灾害有着密切联系。除此之外，公共卫生事件与生物恐怖等社会安全事件有着千丝万缕的联系，当然，致病微生物、动物疫情、药品危险、职业危害、食物中毒等都会影响着城市突发性公共卫生事件的发生。

2. 分布的差异性

城市突发公共卫生事件具有时间上的分布差异，不同的传染病在不同的季节有着不同的发病率，在夏季多发肠道传染病，在春冬多发呼吸道传染病。城市突发公共卫生事件还具有地域上的分布差异，不同的区域有着不同的传染病发病率，我国南北方就存在传染病的差异。除此之外，还会出现人群上的分布差异性。

3. 传播的广泛性

经济全球化，使得人与人之间的交往日益密切，在全球化时代，某些传染病不再局限于某些区域，而是随着人群的流动、世界贸易的往来出现全球性的传播。传染病的传播具有广泛性，传染病只有具备以下三个基本的流通环节才有可能出现全球性的传播：一是传染源，二是传播途径，三是易感人群。

4. 危害的复杂性

重大的卫生事件一方面危害着人体的健康，另一方面对社会经济、政治、自然环境都会产生重大的影响。典型的例子是 2003 年流行的 SARS（非典）病毒，在历史上来看，虽然患病的人数不是最多的一次，但是对我们国家的经济造成了严重的损失。

5. 治理的综合性

传染病的治理具有综合性，需要将四方面进行结合。首先，需要整合技术层面和价值层面，应对传染病不仅需要先进的技术投入，还需要一定的资金、人力、物力的投入；其次，整合直接任务和间接任务，传染病的治理不仅是直接的任务，同时也是间接的整个社会的任务；再次，将责任部门与其他的部门相结合；最后，结合国内外。公共事件要想得到很好的治理，取得良好的治理效果，需要进行综合管理。当解决治理公共卫生事业的时候，可以挖掘如社会机制问题、社会体制问题、人群素质问题、工作效能问题等深层次的问题，因此解决公共卫生事件只能通过综合性的治理。

6. 新发的事件不断产生

艾滋病自 1985 年发病率不断增加，已经成为严重危害人们健康的传染病；非典疫情在 2003 年肆虐，造成了人们的恐慌；这几年，新冠肺炎使人们闻之色变；近些年，出现的手足口、禽流感都严重威胁到人类的健康和生命安全。

7. 种类的多样性

公共卫生事件的出现可以由很多因素引起，可以是生物因素，可以是自然灾害，可以是食品安全，还可以是灾害事故，总之包含很多的因素。

8. 食源性疾病和食物中毒的问题比较严重

一般来说，由食源性疾病和食物中毒引起的公共卫生事件问题是比较严重的。例如：上海 1988 年爆发的甲肝；宁夏 1999 年沙门氏菌污染食物中毒事件；等等。

9. 公共卫生事件频繁发生

社会中的公共卫生事件频频发生与公共卫生的建设有关，同时也与公共卫生的投入有关，投入不足就会造成事件的频发。如果不注重保护生态，肆意使用有害、有毒的物质，公共卫生管理不善都会造成公共卫生事件的频发。

10. 公共卫生事件的危害严重

公共卫生事件有着严重的危害，一是影响社会的稳定和发展；二是影响社会经济的发展与进步。作为国家的公职人员，尤其是相关的一线人员一定要把握公共卫生事件所具有的这些特点。

二、城市突发公共卫生事件的分类

（一）重大传染病

对于人类健康而言，传染性疫病是大敌，一直威胁人类的生存和健康。在古代，对于大规模的流行性的传染病，一般称为“瘟疫”。纵观历史的发展脉络，人类一直受到瘟疫的侵扰和威胁。公元前 430 年左右，在雅典发生了一场足以摧毁雅典的瘟疫，在一年多的时间中，人们一直生活在瘟疫的阴影之下，造成了大量的人口死亡，后来是一位医生发现，火可以用来帮助防疫，这才慢慢结束了这场瘟疫。

1. 黑死病

历史上出现的最骇人听闻的瘟疫之一就是“黑死病”，这也就是当今人们所说的鼠疫。在历史上，“黑死病”曾造成欧洲三分之一的人口死亡。最严重的一次是在中世纪的欧洲，在 5 年之内造成了欧洲人口三分之一到二分之一的死亡。

在当时的社会环境下，因为不能明确瘟疫的病因，造成了鼠疫的恐怖、神秘色彩。很多无辜的人被指控传播鼠疫，进而被处死。

2. 天花

与鼠疫的恐怖程度相当的传染病是天花。在古代，大约有六成的人口受到了天花的威胁，大约有四分之一的感染者会因此失去生命，对于大多数存活下来的感染者大部分会出现失明或者留下疤痕的情况。值得庆幸的是，在如今，天花已经成为第一种也是至今为止的唯一一种被人类消灭的传染病。

3. 霍乱

最为可怕的瘟疫之一——霍乱，曾经在 19 世纪席卷全球，1831 年开始持续影响了人类几十年，成为可以摧毁地球的最可怕的瘟疫之一。在第一波的霍乱影响下，英国出现了最少十四万的人员死亡，一些小村庄几乎没有存活的生命。

4. 流感

在 20 世纪，全球出现了一场致命的流感，造成了超过两千万到五千万人口的死亡。在 1918 年的美国，有将近四分之一的人口感染了流感，最终导致五十万人的死亡，死亡人数中基本上有一半的年轻的健康人。流感是一种由病毒引起的传染病，并没有特效药，虽然可以注射流感疫苗，但是有效率仅仅为百分之七十到百分之九十。

我国有着悠久的历史，纵观我国悠久的历史和文明，在我国流行的大的瘟疫就有 95 次，这些瘟疫造成了我国历史上的多次浩劫。在中华人民共和国成立之前，我国的城乡卫生条件非常差，各种如霍乱、鼠疫、天花等传染病肆虐，因为五大寄生虫有千万人感染了疾病，当时有一千一百多万的人患上了血吸虫病，有大概三千万的人口感染了疟疾，有大约两千四百万人口感染了丝虫病，超过五十万人口感染了黑热病。在中华人民共和国成立之后，政府将传染病的防治工作放在卫生工作中的中心位置。经过长时间的、大规模的爱国卫生运动，开展多种卫生防疫工作，我国消灭了霍乱、鼠疫、天花等烈性传染病。

人类对于传染病的征服路途还很艰难和漫长。从 WHO 发表的世界卫生报告中我们可以明确：在对人类健康造成严重威胁的 48 种疾病中，光传染病和寄生虫病就有 40 种，是病人总数的 85 %。不仅如此，新的传染病也一直在出现，就近三十年来说，就增加了三十多种新型的传染病，如埃博拉出血热、艾滋病、莱姆病、军团菌病、疯牛病（克 - 雅氏病）、致病性大肠杆菌引起的出血性肠炎等。

（二）城市环境污染公害

城市是人类对环境的影响最为深刻的地区，也是最为集中的地区，因此这也成为环境污染最严重的区域。城市环境污染主要包含以下几个方面：一是空气污染，二是水污染，三是固体废弃物污染，四是噪声污染等。

1. 空气污染

就城市的空气污染来说，主要来源于以下几个方面：遍及城市各处的燃油机动车辆、城市近郊的燃煤发电厂、城市立体化发展导致的空间效应等。我国是一个发展中国家，主要的能源是燃煤，我国七成的电来自燃煤电厂。就我国的燃煤电厂分布而言，主要集中在大众城市的郊区位置。燃煤电厂燃烧的煤块中平均含硫量为 1 %～2 %，最高的可以达 5 %～7 %。除此之外，经济的快速发展使得城市中的机动车数量激增，城市绿地面积较少，城市的立体交通网络和修建的高楼出现严重的比例失衡问题，这就造成了严重的空气污染。比如，一线城市机动车的量不断增加，但是城市的绿地数量和立体交叉、高楼数量增加的比例失衡，出现了空气污染的问题。

纵观全球的城市空气污染问题，最为严重和典型的当属 1952 年 12 月在英国伦敦出现的烟雾事件。英国伦敦在 12 月 5 日到 8 日间出现了煤烟粉尘积蓄不散，首先受到影响的是牛，同时市民出现了胸口窒闷，并伴有喉病、咳嗽、呕吐等症状。事件发生的当天，伦敦的死亡率出现上升，在空气污染的持续影响下，伦敦的情况更加演奏，不管是发病率还是死亡率都出现了上升的现象。这次持续时间为 4 天的空气污染事件导致四千名左右的市民死亡，在此事件发生之后的两个月之内，断断续续还有八千左右的人因此死亡。伦敦烟雾事件发生之后，相关的科研人员在经过长时间的研究，找到了原因，粉尘中包含三氧化二铁的成分，在与空气接触后会使空气中的二氧化硫氧化成三氧化硫，在大雾天气中，遇到水滴变成了硫酸，通过附着在烟尘上或者雾点上，硫酸液沫进入人体的呼吸系统，这就导致人的发病和慢性疾病的死亡。

美国在 1966 年感恩节的这天出现了浓烟浓雾，当地的人们普遍出现了痰量增多、咳嗽、喘不过气等症状，医院就诊的人数剧增，同时眼睛因此受到刺激就医的病人也有所增加。

2. 水污染

在 20 世纪最为严重的水污染事件当属 1956 年日本的“水俣病”事件。

在 1956 年的熊本县水俣湾附近出现了一种罕见的病，这种病最先表现在猫的身上，被称为“猫舞蹈症”，主要的症状是步伐不稳、麻痹、抽搐，甚至有的猫跳海死亡。之后不久，在该地区发现了具有相似病症的人。人在患病之后，会导致中枢神经和末梢神经遭到破坏，症状较轻的症状是丧失视觉、口齿不清、手足麻痹；症状较重的患者会出现精神失常，或酣睡，或兴奋，身体不适，直到死亡。这就是轰动世界的“水俣病”，是世界上最早的由于工业废水污染导致的严重的公害病。日本出现的“水俣病”主要的致病源是建立在水俣湾附近的生产氯乙烯和醋酸乙烯的某家公司排放的废水。氯乙烯和醋酸乙烯在制造的过程中需要使用含汞的催化剂，这就导致在排放的废水中含有非常多的汞。生活在这一片水域的水生生物在食用之后会将其转化为甲基汞，人类在食用水生生物之后就会发病，里面包含的甲基汞只需微量就会致命。常年的工业废水排放到水俣湾，导致这片水域被严重污染，水域中的鱼虾也因此被污染，在经由人食用之后进入人体。当时大概有数十万人食用了该水域中被污染的鱼虾，因此出现了“水俣病”，严重危害了当地百姓的健康，致使很多人身心受到了伤害，不仅在经济上遭受了重大的损失，甚至家破人亡。

在第二次世界大战之后，日本的经济获得复苏，为了促进工业的快速发展，使得很多的工业污染泛滥成灾，加之，当时的日本并没有相应的公害治理与环境保护的措施，致使各种公害病不断出现，严重威胁了人类的健康和生存。在这个时期，不仅有“水俣病”，还有富山“疼痛病”和四日市哮喘病。这一时期的日本经济获得了腾飞，但是很难挽救被破坏了的生态环境，后续，日本政府为治理、治疗和赔偿公害病付出了巨大的代价。

3. 固体废弃物污染

固体废弃物指的是以下五项：一是人类在生活和生产中丢弃的泥状物和固体，如采矿业中的废石料、煤矸石、尾矿；二是工业生产中产生的废渣，如钢渣、高炉渣；三是农业生产中产生的秸秆、人畜粪便；四是核工业领域及医疗单位的放射性废料；五是城市垃圾等。以上这些固体废弃物如果不能及时地进行处理，定会对该地区的土壤、大气、水域造成严重的污染，大量的蚊蝇滋生，细菌不断繁殖，加速了疾病的传播速度，对人体的健康造成严重的威胁。固体废弃物污染主要有两种，一种是“白色污染”，另外一种是废旧电池污染。

首先，“白色污染”主要指的是人类在生产生活中使用的塑料包装物，如包装用塑料膜、废旧农用薄膜、一次性塑料餐具、塑料袋，这些塑料包装物在被使用后丢弃在环境中，造成了景观和生态环境的严重破坏。之所以被称为“白色污染”，主要是因为废旧塑料包装物大多呈白色，因此得名。“白色污染”具有以下几个方面的危害：①使得土壤的结构遭到了破坏，造成了耕地质量的下降，同时土壤的透气性和透水性遭到破坏；②造成严重的化学污染；③阻碍农作物吸收水分和养分，造成农作物的减产，影响其生长发育；④对牲畜有害，在吃了含有塑料的饲料之后，牲畜会出现消化道方面的疾病，严重者出现死亡。

其次，废旧电池污染，主要指的是电池在经过长期的磨损和腐蚀之后，内部的重金属和酸碱出现泄露，泄露之后会进入水源或者土壤之中，经过各种途径进入人体内。电池的组成物质在使用的过程中会被封存在电池的内部，不会对环境造成影响，但是一旦磨损会严重影响生态环境，对人体造成严重的威胁。旧电池的危害主要体现在其中所蕴含的少量的重金属中，如汞、铅、镉等，这些有毒的物质在进入人体后，人体很难代谢，会对神经系统造成损害，影响人体的造血功能和骨骼，严重者可以致癌。电池污染呈现出生产多少废弃多少；集中生产、分散污染；使用时间短，长期污染等特点。

4. 噪声污染

城市中有着众多的人口，大量的工厂和商店，同时机动车也多，这就导致城市的噪声污染较为严重。社会生活噪声、工业噪声、交通噪声、建筑施工噪声等构成了城市的噪声污染。在以上这些噪声来源上，交通噪声所占比重最大，为百分之七十。我国大部分的城市道路规划不够完善，导致城市的道路狭窄，快慢车道没有实施分流，导致汽车的刹车较为频繁，启动频繁，喇叭鸣叫频繁。此外，还有火车鸣笛、火车行驶，纺织厂、钢铁厂车间和建筑工地上机具冲击、震动、搅拌所产生的噪声，这些噪声可高达 110 分贝以上。但是对人们影响最广泛的、最多的、治理最为困难的当属社会生活噪声，生活中的噪音有：商店市场、娱乐场所的音响设施和人群活动的声音；家庭生活中收音机和电视机发出的声音、儿童哭闹等。以上这些噪声虽然低于 80 分贝，但是会使人感到烦躁，心神不宁，甚至会产生生理上的障碍。人类在生活、学习、工作中的最佳声音环境为 15～45 分贝。反之，如果人长期处于无声的环境下生活、学习、工作也会因此造成抑郁，出现烦躁不安的情绪。

具体而言，噪声污染对人类的危害主要集中在以下方面：

（1）损伤听觉器官。强的噪声会导致耳部的不适，造成听力损伤，出现耳鸣、耳痛的症状。

（2）损伤神经系统，同时对心血管系统和内分泌系统会造成损害。

噪声不仅仅影响着人类，也影响着动物，曾经有人给奶牛播放轻音乐，其产奶量大大增加，换成噪声，则不再产奶。在20世纪60年代，美国对一种新型的飞机进行试飞，时间持续半年，这导致试飞区域内的一个农场内一万只左右的鸡不再下蛋，羽毛全部脱落，有六千只左右的鸡出现体内出血的情况，最后死亡。

除此之外，噪声还会对建筑物造成严重的损害。对于建筑物来说，强烈的声波会冲击建筑物，在分贝达到140以上会造成建筑物玻璃的碎裂，使建筑物主体产生裂缝；当分贝达到160以上，会导致建筑物墙体的震裂，出现倒塌。

三、突发公共卫生事件应急服务管理的现状与优化

（一）突发公共卫生事件应急服务管理现状

在改革开放的浪潮下，我国的各项事业获得了快速的发展，这也使得我国的医疗卫生水平也出现了跨越式的提高，保障了我国城市突发公共卫生事件应急管理的顺利开展。尽管如此，在城市化的发展过程和进程中，城市突发公共卫生事件依旧存在很多的问题，现阶段的情况如下。

1. 各类传染病仍然是突发公共卫生事件的主要内容

在社会发展的过程中，人类不仅创造出了璀璨的文明，还在与病魔一直在进行斗争，解决了一个又一个的医学难题，使得人类的整体寿命得到了延长。在城市化发展的进程中，我国突发的公共卫生事件的主要原因是各种传染病引发的，具体体现在以下几个方面：首先，种类繁多的传染病，在社会中存在很多可以威胁人类生命安全的传染病，如肝炎、肺结核、艾滋病等，尽管我国的医疗条件在不断进步，没有爆发大规模的病毒传染，但是突发公共卫生事件的主要内容依旧是传染病；其次，传染病的死亡率非常高，一些传染病一旦出现传播，如果对传

染源不能进行及时有效的控制，就会导致传染病的疯狂传播；最后，传染病不易被发现，隐藏得很深，相关症状一旦出现基本上就是中晚期，这就导致这种疾病无法被治愈，加大了死亡率。鉴于此，死亡率较高的传染病成为突发公共卫生事件的重要防范对象和内容。

2. 日常生活中的中毒事件

一直以来，食品安全问题是人们重点关注的话题。食品监管过程中有薄弱环节，使得一些化学物品的滥用造成日常生活中的中毒事件，具体体现在以下两个方面：首先，严重超标的农作物农药残留问题，这会对抵抗力较差的人群造成不良后果，尤其是新生儿和老年人，非常容易出现集体中毒的事件；其次，黑心厂家对化学药品的滥用问题，为了获取更多的利益，一些黑心厂家会在食品中添加一些不可以食用的化学药品，致使出现集体中毒事件，这成为我国城市突发公共卫生事件的主要原因。

3. 人为因素成为诱发突发公共卫生事件的主要源头

当前的很多食品安全的问题都是由人为因素导致的，这也就造成了人为因素在我国城市突发公共卫生事件中占有较大的比重，主要表现在两个方面：一方面是生产厂家为了谋取更多的利益，会通过一些不正当手段和不法手段人为降低生产成本，人们的身体健康会因为这些手段受到严重的损害；另一方面，很多公众缺乏对于公共卫生的必要常识，没有办法对食品是否有毒进行准确判断，因此出现突发公共卫生事件，这也是重要原因之一。

（二）突发公共卫生事件应急服务管理的优化策略

根据上文的论述可以看出，一些大型的传播类疾病在我国城市突发公共卫生事件中的发生率得到了有效的控制，最近几年很少发生。但是近些年突发公共卫生事件出现的主要因素在于一些人为因素造成的食品安全问题。因而，为了使我国的城市突发公共卫生事件的应急管理策略得到有效的完善，可以从以下几个方面入手。

1. 建立完善的运行机制

就目前而言，我国城市突发公共卫生事件应急管理尚未建立完善的运行机制。

在一些突发性公共卫生事件发生的时候，政府常用的手段是封锁消息，也并没有采取相应的措施，致使广大群众不明所以，造成更多的群众受到该事件的威胁和影响。因此，为了更好地应对城市突发的公共卫生事件，需要建立完善的运行机制，可以从以下方面入手：首先，在不引起社会恐慌的基础上，对相关的突发性公共卫生事件进行酌情公开，让群众对当前发生的公共事件有一个大致的了解，并且政府应该及时给予一些指导性的信息，指导群众做好应对和预防措施；其次，对群众所反映的问题要及时关注，对于任何可疑的地方都不能放过，因为在一些小的问题和现象背后往往隐藏着大的问题，如果不解决和排除，可能会造成更大的隐患，威胁群众的生命安全，因此应该对群众所反映的问题进行重视，在进行仔细调查和研究的基础上给人们满意的答复和交代。

2. 加大财政的投入

我国城市突发公共卫生事件的应急储备对财政收入的依赖性很强，只有这样才能有更多的人力、物力投入突发公共卫生事件应急中，也才能有充足的药品、隔离室等来应对突发的公共卫生事件。对此，为了使我国的城市的突发公共卫生事件应急管理的制度更加完善，需要政府加大相应的财政投入，可以从以下几个方面入手：首先，对科研的投入力度要加大，对于当前无法攻克的传染病加大投入的力度，为攻克传染病提供完善的实验环境，保证科研人员顺利攻克；其次，对于公共卫生系统的投入也需要加大，一是可以对公众发放公共药品，避免相关传染病的发生，营造良好的公共卫生环境，二是对公共卫生环境进行定期的消毒，使传染源没有生存的条件。

3. 突发公共卫生事件应急演练不足

在我国城市发生突发公共卫生事件的时候，怎样有效应对，有效实施相应的对策也是当前应急管理的重要一环。但就当前我国的城市突发公共卫生事件而言，存在应急演练不足的问题，这就导致在面对突发公共卫生事件的时候会出现没有及时有效进行应对和处理的问题。因此，需要对突发公共卫生事件的应急演练进行加强，具体可以从以下几个方面入手：首先，对于突发公共卫生事件应急演练要从思想上重视，尽管是演练，但依旧不能懈怠，需要重视，严格按照规范的应急管理规章制度进行操作和演练；其次，应该定期组织大规模的突发公共卫生事件应急演练，增加跨部门、跨地域的合作熟悉度，以便更好地应对突发性的事件，提高相关人员的应急处理能力。

目前，我国城市突发公共卫生事件应急管理依旧不够完善，存在很多的问题，这成为影响我国城市公共卫生的重要因素，为了保证人民群众的生命和财产安全，要不断完善我国城市突发公共卫生事件应急管理的相关措施。对此，本书基于我国城市突发公共卫生事件应急管理的现状及不足，提出了相应的对策，随着我国不断完善的突发公共卫生事件应急管理和日益稳定的社会，可以保证人民群众的生命财产安全。

第三节　突发事故灾害应急服务管理

一、城市突发事故灾害的定义和特点

所谓城市突发事故，指的是突如其来地对公众生命财产安全、社会秩序和公共安全造成威胁的，需要政府立即采取非常态管理与应对措施加以处理的公共事件。

（1）不确定性。此类事故什么时候、在哪里、怎么发生及发生后果通常没有规律，很难预测。城市突发事故灾害虽然由于巨大的破坏性和对生命财产极高的威胁程度而得到人们的普遍重视，但就目前的社会发展和科学技术水平而言，人们仍无法做到准确预测、规避城市突发事故灾害，甚至在很多突发事故灾害中损失惨重。

（2）紧急性。此类事故往往是没有征兆的突然发生，或者预兆不明显，很难预防。城市突发事故灾害的预防工作十分困难，往往涉及灾害防控部门的工作效率、社会治安和社会秩序的稳定程度、灾害监测技术手段的发展、基础设施的完善程度、人民群众防灾救灾意识等多方面因素的影响。虽然科技水平的进步和经济社会的发展已经帮助人们极大地提高了突发事故灾害的应对水平，但其仍然

是影响社会发展和人民生命安全的大敌，在每次事故中仍然会造成或大或小甚至难以挽回的危害。

（3）威胁性。事件会直接危害到公众生命、财产、社会秩序和公共安全，也可能留下潜在的隐患，甚至还影响或者转变社会传统价值观念。随着时代的进步和发展，人类在重大突发事故面前已经摆脱了束手无策的无力状态，有了一定的自我保护能力，但突发事故的威胁仍然巨大，是时刻高悬在全人类头上的达摩克利斯之剑，时刻等待着给我们带来致命的危机。面对时刻隐藏在生存过程中的危机，只有保持警惕、不断追求发展和进步，才能削弱其影响、降低其危害、减小其损失，使我们的危机应对水平不断成熟，帮助社会长治久安。

（4）社会性。事件后果不是由某个人或者几个人承担，而是成规模的，在局部或者全局上损害到社会安全。新时代的人类早已经成了紧密联系、相互依存的命运共同体，覆巢之下无完卵，严重的突发事故灾害会给每一个个体带来巨大的威胁，没有人可以独善其身。与涉及范围较小的犯罪事件不同，突发事故往往涉及范围巨大，影响多个领域，甚至在多种因素和效应的影响下能够危害到全人类的安全与发展。

（5）非常态性。事件发生属于非正常状态，处理突发事件的实质是非程序化决策问题。突发事故意味着事故往往是难以预测、突然发生的，其本质就是对社会正常发展进程的一种破坏，是社会矛盾在多方面因素的发酵和影响下的突然爆发，除依靠社会秩序的弥补纠正外，必须依靠特殊的、有针对性的策略方法加以解决。

二、城市突发事故灾害的分类

（一）城市生命线系统事故

城市生命线系统指的是市民生活工作中不可或缺的交通、给排水管道、能源管道、通信网络等相关的基础设施，是满足公众日常需求的基础，是城市正常运转的基础，能够为灾害事故的预防和及时解决提供必备要素，同时也会引发安全事故，其中电、水、气供应系统的安全尤为重要。北京就是最有力的证据，有关部门调查统计发现，北京市内，占压的水气热设施数量分别约为 1 800、800 和 900，这给公用管线造成了极大的压力，引发了多起灾害事故。例如，1998 年崇文区某违章建筑长期占压，导致供水管线破裂，数十户房屋被淹，大范围断水，这次事故干扰了大量居民的正常生活，损害了这些居民的财产安全。

1. 城市供电事故

城市停电事故属于较为常见的城市突发事故灾害类型，这不是小城市专属，甚至在大城市中造成的后果更严重，如纽约、东京、奥克兰市等发达城市都出现过大停电事故。城市停电事故通常是外力和不合理的电网结构综合导致的，或者是因设备老化等引发的。近几年，美国得克萨斯州就发生过引发世界关注的大停电事故，2021 年 2 月 16 日至 18 日，这三天内德克萨斯州发生了轮流停电事故，此时正是隆冬时节，又遇到了极寒风暴，270 万户家庭处于停水停电的状态，至少 37 人死亡，电价从每兆瓦 100 美元狂飙至 11 000 美元，造成了亿万级别的经济损失。这次事故不仅是由于极寒风暴毁坏了电力设备，同时也是因为美国电网基础设施薄弱与企业和政府部门的错误决策。根据调查，在这几天的时间里，上千万的居民无法获取直饮水，也没有电力烧水，只能选择瓶装水，甚至是饮用雪水，日常饮食受到了很大的影响，没有电力供应，取暖设备也无法使用，只能选择壁炉取暖，有家庭在取暖时操作不当导致失火，全家遇难。停电导致水压不足，一些医院即使有电力供应，也无法正常采取治疗手段，导致患者死亡。此次停电事故中，整个德克萨斯州的正常秩序都受到了严重影响，可见城市供电事故的危害性。

2. 通信事故

1998 年 5 月，美国出现了无线电通信系统事故，由“潘安赛”制造的价值 2.65 亿美元的信斯太空通信卫星“银河 4 号”发生了故障。结果，美国大约有 4 100 万人的传呼机失灵，这是国外损失最惨重的一次无线电通信事故。

2020 年 7 月 2 日，日本也发生了严重的通信事故，历时 40 小时仍未完全修复。这次事故影响了约 4 000 万人的正常通信，数百个气象观测点无法工作，而此时日本面临台风风险，市民也无法正常使用车联网和交通卡等，正常生活受到影响，日本经济损失严重。这次事故属于日本法律层面最高级别的通信事故。

3. 煤气泄漏事故

煤气泄漏的后果同样十分严重。2019 年 1 月 16 日中午，邯郸市涉县的一家工厂由于检修过程中操作不当引发煤气泄漏事故，4 名员工抢救失败死亡，5 名员工煤气中毒。

（二）城市火灾和爆炸

城市火灾的发生多是由于人为因素，如果处理不及时，通常会引发爆炸。城市火灾的分类方式较为多样，从类型来看，主要包括固体火灾、液体火灾、气体火灾、金属火灾，也可以根据发生场所进行分类。

就我国境内，火灾发生地较多位于东部，中部、西部也有火灾事故，但是数量上相对较少。根据全国消防救援队伍 2021 年的数据来看，冬春季节、晚间、住宅是火灾事故的高发时段和场所，火灾多由电气因素引发，而电瓶车的威胁也越来越大。

火灾事故造成的经济损失与经济状况有着密切联系，是在逐年上升的。例如，从我国 20 世纪 80 年代的数据看，火灾经济损失每年约为 3 亿元，到了 21 世纪初就攀升到了 10 亿元以上。从世界趋势看，火灾规模、次数与损失也是持续上升，尤其是人员密集的公共场地最为严重。1974 年，巴西焦玛大楼火灾导致 179 人死亡，300 余人受伤，经济损失 300 万美元。1980 年，美国米高梅大酒店火灾，导致 87 人死亡，650 余人受伤，经济损失数十亿美元。据应急管理部消防救援局发布，2021 年全国共接报火灾 74.8 万起，死亡 1 987 人，受伤 2 225 人，直接财产损失 67.5 亿元，与 2020 年相比，起数和伤人、损失分别上升 9.7 %、24.1 % 和 28.4 %，其中较大火灾 84 起，比 2020 年增加 9 起；重大火灾 2 起，比 2020 年增加 1 起。

鉴于公共场所发生火灾所造成损失的严重性，我们有必要重点分析公共场所的火灾特点。

（1）火灾发生的频率、规模及造成的经济损失呈递增趋势。

（2）人流量大的公共娱乐场所发生的火灾具有群伤群死的特征。20 世纪，国内的较大火灾多发场所主要是工厂、仓库及民居，而如今较大火灾多发场所主要是各类公共娱乐场所及石化工厂、交通站、高层建筑等。从 2020 年的火灾数据看，工商文娱场所火灾数量占比小，但死亡人数和损失分别占据总数的 15.8 % 和 45.9 %。

（3）市场、商场及个体租赁、私营企业的火灾呈增多趋势。2000 年发生在商场、市场的特大火灾 23 起，死亡 10 人，受伤 32 人，直接财产损失 1.2 亿元；发生在个体租赁、私营企业的特大火灾 33 起，死亡 397 人，受伤 45 人，直接财产损失近 1.4 亿元。

（4）农村地区火灾发生的频率越来越高，火灾比重偏大、大火概率偏高。2018 年农村火灾数量 11 万起，死亡人数 728 人，经济损失 18.7 亿元，均高于城镇地区。2020 年农村火灾数量 12.4 万起，经济损失 19.2 亿元，分别占据总数的 49.3 % 和 48.1 %，均高于城镇地区，尤其是特大火灾数量，高出城镇约 70 %。

造成公共场所火灾事故的原因主要有以下四点：

（1）大多数场合未留安全通道。

（2）防火避难设施不全。

（3）未落实防火管理制度。

（4）群众的安全培训和火灾救护常识的宣传力度不够，安全意识淡薄。

（三）城市重大工业事故

城市重大工业事故数量也呈现出上升趋势，这与城市工业发展有关。尤其是化工行业一直是工业中的重要支柱，在生产过程中会应用到诸多具有易燃易爆、腐蚀、有毒等特性的化学试剂和高压设备，生产出的产品和副产品也具备一定的危险性。这些化学品和机械设备很容易因环境因素或者操作因素导致燃爆事故或者严重的泄漏和污染。据美国有关部门统计，1999 年到 2000 年世界范围内发生的各类重大工业事故数量至少 693 起，其中前三的国家中死亡人数达 266 人。

重大工业事故大体可分三类，第一类是可燃性物质泄漏，与空气混合形成可燃性烟云，遇到火源引起火灾或爆炸；第二类是大量有毒物质的突然泄漏，在大面积内造成死亡、中毒和环境污染；第三类是高压能量设施或爆炸性物品发生爆炸或火灾，主要的工业事故有核泄漏事故、有毒物质泄漏事故、化工企业特大爆炸事故等。

1. 核泄漏事故

核技术的研发应用在众多行业产业发挥了重要作用，但与此同时也增加了安全风险。日本福岛核电站发生了多次核泄漏事故，其中最为人知的一次发生于 2011 年 3 月，由于地震和相继发生的海啸的影响，日本福岛两处核电站都发生了严重的放射性物质泄漏事故，与切尔诺贝利核电站事故同等级，同年 7 月在事故地点周边在 320 公里以内的多种食物均放射性物质超标，事故员工和当地人患甲状腺和癌症等病症的概率增加，至 2018 年初已诊断 159 人患癌，34 人疑似患癌。

当前全球范围内最严重的、最知名的核泄漏事故仍旧是切尔诺贝利核电站事故。该事故发生于 1986 年 4 月 26 日，当日该核电站反应堆发生爆炸，释放出 8 吨以上的强辐射的放射性物质，大约有 1 650 平方千米的土地受到辐射，并且辐射尘飘散影响到了周边多个国家。事故中有 31 名消防员死亡，数千人受到强核辐射，数万人撤离。因切尔诺贝利核事故患癌症的人数高达 27 万，患癌而死的人数高达 9.3 万，事故影响了全球大约 20 亿人。专家称要消除切尔诺贝利核事故的影响需要 800 年。美国也发生过数次核泄漏事故，将核试验场所转入地下之后，在内华达州丝兰山脉设立的核试验场就进行了 400 多次试验，引发了 60 多次事故，其中影响最为恶劣的是贝恩巴里核弹爆炸后引发的核泄漏，时间是 1970 年 12 月 18 日，这枚核弹属于 1 万吨级别，相当于 300 万居里的放射性物质，影响区域范围极大。

2. 有毒物质泄漏

迄今为止最为严重的有毒物质泄漏事故当属印度博帕尔毒气泄漏案。事故发生在 1984 年 12 月 3 日，因为员工操作失误，剧毒气体外泄，直接导致 2 万余人死亡，20 万余人残疾。2005 年 1 月 7 日，美国南卡罗来纳州货运列车相撞导致氯气泄露，毒气弥漫威胁着周边居民生命安全，当地 5 400 名居民迅速撤离。

3. 特大爆炸事故

我国最触目惊心的特大爆炸事故是 8・12 天津滨海新区爆炸事件，时间是 2015 年 8 月 12 日，事故导致上百人遇难，8 人失踪，约 800 人受伤，直接经济损失高达 68 亿元。2020 年 8 月 4 日，黎巴嫩港口发生特大爆炸事故，事故由港口仓库储存的上千万吨硝酸铵造成，导致了约 200 人死亡，6 千余人受伤，直接经济损失达 150 亿美元。2022 年 4 月 22 日，尼日利亚某炼油厂发生特大爆炸事故，该工厂属于非法经营，事故导致上百人死亡，约 150 人严重烧伤。

三、城市突发事故灾害应急服务管理的优化策略

全球范围内的各类城市突发事故数量居高不下，导致了严重的人员伤亡和经济损失，这警示着人们必须要加强城市突发事故预防和应急处理。地方政府部门不仅要做好日常的安全管理和风险防护，还要在灾害发生后迅速组建应急工作小组，及时应对突发事故。而遇到如特大洪灾等影响范围大，非地方政府能力所及的灾害时，中央政府同样应组建专门的应急工作小组，帮助地方政府开展救灾处理。这种临时小组的处理模式能够提供一定的指导和帮助，但仍有明显的缺点。首先，临时小组有时效性，不能将灾害应急管理经验总结成一定的机制传递下去。其次，工作小组要投入过多的时间和精力在部门协调中。最后，相比专门机构有着系统性的灾害处理机制，临时小组无法提前制订预案。这些缺点正说明了，我国的城市突发事故处理工作不仅没有充分的经验，还需要关注的是在中央层面没有专门的部门负责这部分内容，并且没有体系化的程序和法规指导。而欧美国家已经在长期的灾害应急处理实践中构建了较为完善的管理体系，1958 年就成立了民防与国防动员办公室，其至今已经发展成为联邦应急管理局，地方城市也有相应的应急管理办公室，我国的应急管理部成立于 2018 年，仍需要学习国外先进经验，尤其是要构建完善的灾害事故应急处理机制。

（一）建立和完善灾害事故意识教育和灾害事故宣传机制

“居安思危，思则有备，有备无患。”我们个人尚且会购买保险，事先为孩子储备教育资金，为父母储备养老医疗资金，国家更要具备灾害事故意识，加强灾害事故意识培养和宣传。这对于企业、个人具备同样重要意义，只有当国家、企业、个人都具有相应的灾害事故预防和处理知识后，面对城市突发事故，才能够做出正确、及时地反应，各司其职，快速消除灾害影响。灾害事故的发生具备

偶然性，但同时也是社会常态，政府部门应当认识到这一点，形成灾害事故意识教育和宣传机制，将之纳入媒体工作范围，报道灾害事故并非负面宣传，反而能够增强公众事故风险意识，推进灾害事故的处理。同时，也需要完善相关法规，为灾害事故的报道提供法律指导。

（二）建立和完善与灾害事故相关的法律机制

对于各种类型的城市灾害事故，相应的管理法律已经逐步构建，但彼此关联性较差，没有形成统一的、规范的、完整的法律体系，特别是需要对灾害事故应急处理机制进行完善。当前有关部门要着力开展灾害事故应急处理机制的法律体系构建，避免因为法律方面的缺失导致的城市突发事故应急处理不到位等问题。这要从两方面入手，一方面，要制定统一的国家灾害事故管理法律体系。明确规定面对灾害事故，中央与各级政府、社会组织、公民应承担的责任和应尽的义务，强化内部监督和追责，加强信息公示和共享机制，及时发布真实、准确、可靠的灾害事故报道，并有效激发公众的灾害事故意识，团结多元主体共同开展灾害救助。另一方面，要积极推进灾害事故应急处理机制立法。不同于其他事故，公共灾害事故具备更强的危害性，涉及范围更大、影响也更为深远，相应地，需要针对公共灾害事故制定独立的、专业的应急处理机制和法律。

（三）加强监控和研究，建立防控预警机制

基于对灾害事故全面的、正确的认识，中央政府应完善应急管理部建设，同时推进地方各级政府的灾害事故管理部门建设，自上而下地构建权责清晰、快速高效的灾害事故防控预警机制。

灾害事故管理是政府的基本职能和重要工作内容，基于此，政府需要构建一个开放、合理、统一领导、分工协作的灾害事故防控机制。为了健全防控机制，应当通过立法手段在国家层面上设置面向各地区的灾害事故管理部门。该部门的工作核心就是要在各地设置分局，以此来实现对地方灾害事故的监控，掌握相关信息数据，结合实践经验与国外先进案例针对灾害事故管理形成系统性的战略规划和法律法规，对于地方的灾害事故情况进行实时掌握，并结合事态指导地方分

局与其他机构和社会组织协调合作，妥善处理灾害事故。除此之外，还应当利用现有资源，结合灾害事故管理部门的信息和经验优势，加强政府在城市管理中对灾害事故领域的研究。

我国的灾害事故研究当前仍是起步时期，不仅需要对当前的防控机制加以完善，还需要立足于此开展各类研究工作，结合研究内容和阶段性成果建立相应的战略规划和政策法规。这样能够有效厘清灾害事故管理结构，提供正确指导，实现对社会资源的优化调配。可以说，加强对灾害事故的监控和研究，建立有效的防控预警机制，对于城市突发事故灾害管理具有重要意义。

（四）建立和完善信息联动机制与快速反应机制

信息应急联动系统的构建具有一定的复杂性，需要应用通信技术、GPS 定位系统、计算机网络技术等信息传输技术，涉及多个部门的联动合作，以指挥中心对消防、急救、抢险救灾、交通、紧急警务等突发事故灾害相关的部门进行优化调动，从而实现救援力量的最大化。面对突发灾害事故，专门的管理部门可以借助该系统进行统一的接警和指挥，将救援资源配置到最需要的地方，推进各部门的快速和联合行动，及时处理各种城市突发灾害事故。

如今，信息应急联动系统的应用覆盖到了部分城市，并且在实践中证明了该系统在灾害事故预警和救助管理中的作用，有效发挥了政府的突发事故应急服务职能，增强了其城市管理能力。因此，应当进一步推广该系统在各个城市的应用，实现对突发事故灾害的快速救援，提升政府执政能力，更好地服务民众。除上述机制外，还需要物质资源作为支撑，各地方和城乡的基础设施，尤其是应急救援相关部门的物资和设备等，要配备完善，为机制的运行提供良好基础。与此同时，政府还应当构建反馈机制，在每次突发事故应急服务管理工作结束后进行总结，将其中的成功经验和面临的问题，以及事故的原因和发展过程等，形成书面资料和电子资料进行保存，以备后用。

建设和完善快速反应机制，需要组建独立的、专业的指挥联动中心，加强社会资源，尤其是人力资源的合理利用，好钢用在刀刃上，以便快速、有效地处理和解决突发事故灾害。而各基层部门要在行动中配合指挥联动中心的指挥，具备政治意识、大局意识、核心意识、看齐意识，不能如同单独任务中的各行其是。面对灾害，将各个部门联合成整体才能够发挥最大的力量，既要发挥部门的职能作用，又要彼此协调合作共同面对灾害中的困难和矛盾。

我国如今发展迅速，很多方面的管理工作尚未能跟上城市发展速度，难免会发生各种类型的突发灾害，做好城市灾害事故管理对于我国的改革开放及城市的经济发展都具有决定性的意义。

第五章　城市公共体育服务管理

本章介绍的主要内容为城市公共体育服务管理，主要包括城市公共体育服务文化管理、城市公共体育服务设施管理和城市公共体育服务赛事管理。

第一节　城市公共体育服务文化管理

一、城市公共体育文化管理的发展历程

（一）群众体育发展稳步推进，体育锻炼群体特征明显

随着北京奥运会和北京冬奥会的成功举办，我国群众的体育热情被激发，国民体育事业焕然一新。《2020 年全民健身活动状况调查公报》显示，参与体育锻炼的人口持续增长，城乡之间的差距在逐渐缩小，并且健身项目多样化，人群差异性明显，可以看出我国群众体育锻炼发展态势良好。青少年群体和老年群体的体育锻炼通常是以群体为单位开展，集中于学校和广场、公园等场所。但是，从职业来看，白领参与体育的占比和增长速度相比蓝领较高，其中建筑行业和服务行业占比较低，这反映了我国当前群众体育的不均衡，还需要进一步普及。而城市中还有一个容易被忽略的庞大群体，就是农民工，他们参与了艰苦的城市建设工作，但是城市融入度和归属感比较低。当前全国农民工数量为 2.9 亿余人，整体心理上有一定的自卑感，默认自己处于社会福利的边缘。这也是当前城市体育文化深入发展需要关注的问题。

（二）空间体育文化发展初具规模，体育场馆设施明显增加

2021年全国体育场地统计调查数据显示，全国体育总场地数量和人均场地面积比去年分别上涨了25.8万个和0.21平方米，体育场馆设施显著增加，但是体育场馆也具备一定的区域差别。为了迎接冬奥会等国际赛事和国内赛事，很多城市建设了高标准的体育中心，甚至某些城市有多个体育中心，可见此类经济发展较快的城市的体育场馆中心建设基本趋向饱和状态。而多数地级市体育场馆数量也在稳步增加，县级市的数量发展较快，很多中部和东部的县级市尤其重视体育场馆建设。尽管不同城市的体育场馆建设步伐并不统一，但都将其视为城市建设的重要内容，可见空间体育文化发展良好。除此之外，体育广场、体育公园、社区休闲中心等公共体育场所和设施建设数量增加迅速，已经逐渐饱和，能够较为初步地满足群众体育锻炼需求，从人口和设施比例来看，各城市的设施数量较为均衡，城乡之间较为协调。

（三）体育产业经济呈“东稳西快”态势

21世纪后，我国承办了多次国际赛事，体育事业发展迅速，也带动了体育产业经济的发展。近几年，各大城市的体育产业经济都在增长，并且呈现出“东稳西快”的态势。东部城市较为发达，体育产业经济逐渐饱和，增速较低，尤其东北和华北城市增幅不及全国平均值。而西部城市较为落后，体育产业经济起步较弱，但是增幅较大。然而从宏观角度看，东部沿海城市的体育行业经济仍优于西部。此外，由于疫情，体育行业经济出现了一定波动，线下体育行业受到冲击，但是线上体育行业经济抓住了发展机遇，体育直播课、健身游戏、竞技综艺、体育用品带货和电商等发展迅速。

（四）竞技体育事业发展理念不断创新

竞技体育事业主要集中于城市。奥运会和冬奥会，让更多国民领略到了竞技体育的魅力，掀起了全国的竞技体育热潮。竞技体育事业将为国争光的精神刻入骨血，以奥运奖牌为最高荣耀，越来越多的体育健儿投身竞技体育，在其中实现自我价值，也为祖国赢得荣耀。竞技体育的发展也为城市体育建设指明了方向，

许多城市积极申请承办大型竞技体育赛事，打造良好的城市形象。北京是人尽皆知的“双奥之城”，张家口承办了其中的部分赛事，也因此在国际上获得更多关注。上海定期举办上海国际马拉松赛，成都2020年国际体育赛事指数居全国第二位，承办了2022年的世界乒乓球团体锦标赛，诸多城市在着力打造体育名城的城市名片。此外，全国性竞技体育比赛，由原来的沿海城市正在开始向内陆二线城市转移。总的来说，21世纪以来，和谐社会及繁荣社会的体育文化发展方式及理念正在得到跨越式的发展。

二、城市公共体育文化管理的主要问题

（一）城市体育文化现实与政策预期的偏差

随着城市体育文化的发展，国家体育总局革新传统体育战略思路，重新明确为“全民建设与奥运同行”，要求推进全民建设战略落实，加强体校融合，发展竞技体育。由此可见，体育已经成了城市建设和文化管理的重要内容。但是战略的落地施行并非一帆风顺，经常面临一些问题，部分群体意图锻炼意识不强，城市内的公共体育服务无法满足群众的需求，社区等体育设施利用率低，体育活动和社团组织相对较为缺乏，这些体育资源与群众需求之间的冲突导致的问题正是城市体育建设需要突破的地方。城市需要加快体育文化事业建设，使之满足公众需求，跟上城市经济发展节奏。

（二）人口城市化和城市体育锻炼人口比例失调

近年来城市不断扩张，越来越多的人口涌入城市，相比之下，参与体育的人数增长没有跟上总人口的增长，占比有所下降。这正是由于新城市居民的体育观念较为落后，没有融入城市节奏。探究其根源，主要在于两个方面，一方面，新城市人口体育锻炼意愿较低。因为自身和环境因素的影响，他们没有对体育锻炼形成充分的、正确的认识，将城市生活目标定位成谋生，没有随着城市生活调整自己的习惯。另一方面，新城市人口的生活条件限制。他们没有足够的时间和资金投入体育文化活动，生活中更多的是为了生存忙碌，不适应城市身份，认为自

己不该去追求体育文化上的享受，将自己定位在边缘群体的角色中。要调节人口城市化和体育锻炼人口上的失调有很长一段路要走。

（三）城市体育文化设施空间建设“大跃进”现象开始出现

城市体育文化事业建设的主要力量来自政府，如场馆建设资金和场地的审批都要依靠政府，这也就埋下了一个隐患，即政府决策超出了实际发展阶段，城市体育中心建设就体现了这一问题。部分主要城市体育中心数量过多，超饱和，一些小城市也过分追求体育中心建设，而这与当地经济发展并不协调。这种“大跃进”现象主要有三种特点。首先，体育场馆过分国际化，失去了地方特性，没有与当地经济文化形成相辅相成的关系，缺乏文化功能，是一种资源浪费。其次，将其作为地标来建设，名片化，而忽视了其本身的基础功能，没有便利的交通条件，难以组织民间性质的体育活动，无法激发民众体育锻炼的兴趣。最后，体育中心场馆面积大，占据了大量农田、荒地，破坏了区域内的植被等，影响生态，也影响了城市绿化建设。

（四）城市体育文化发展不均衡

城市体育文化发展不均衡现象在当前的城市体育文化建设中也十分明显。社区内许多健身设施利用率不高，竞赛表演活动少、市场化程度低，休闲体育参与人群单一，中年锻炼人数较少，越来越多的人生活习惯不佳，亚健康群体数量增加，这些现象越发显著。其中，尤其要注意的是全民健身设施闲置，但仍存在着体育资源无法满足群众需求的问题。有些调查显示，社区中虽然设置了不少健身设施，但它们都是固定在地上了，经常受到雨打风吹等环境因素或者人为操作不当等因素的破坏，损坏后没有被修理，部分构件脱落丢失，无法被使用，自然也无法满足居民健身需求。也有部分社区的健身设施位置不合理，无法辐射整个小区，距离较远的居民便放弃使用。竞赛表演市场化程度弱，难以发挥体育文化作用。部分竞赛表演观赏性差、水平低，门票却很贵，这是其没有观众的主要原因。从种类上看，只有瑜伽、游泳等竞赛能够号召观众，也有相应的培训市场，但仍不及乐器、绘画等热门培训项目，更不用提其他类型竞赛项目的表演和培训。休闲体育小众化，参与人数少，参与人群单一，贵族化趋势，如网球、射箭等教学服务和俱乐部价格贵，阻碍了大部分人的参与，也有部分休闲体育项目趣味性不足。从年龄段来看，城市体育锻炼的主要人群是学生和老年人。从国家体育总局《2020年全民健身活动状况调查公报》看，青少年学生和老年人占总锻炼人口的比重大，中年人较少参与，这主要是由于各年龄段的体育观念差异和工作时间限制。此外，亚健康人口数量有所增加，生活品质改善之后，以中年人为主的大规模人群饮食上重油重盐、不按时吃饭、参与体育锻炼意愿低，这是造成亚健康的主要原因。这种“文明病”导致人们身体素质下降，身体抵抗力下降。

三、城市公共体育文化管理的发展对策

（一）把握城市体育文化发展规律，提升城市发展建设的质量

在城市公共体育文化管理工作中，不能蛮干冒进，而应当把握好发展规律，重质量。管理部门必须深入理解体育文化的价值和意义，革新经济发展速度第一的观念，以提升建设质量为重心，结合城市发展现状规划体育场馆建设，严禁面子工程，避免“大跃进”现象。将体育文化转型发展融入城市规划，实现高质量发展，必须具备大局观和整体意识，将体育文化发展的目标、规模等做出系统规划，将宜居城市纳入考核指标体系，优化公共体育服务策略，提升公共健身设施的使用率，提升管理水平，提升新城市人口的体育锻炼意识，为其提供合适的公共体育服务，帮助他们革新观念，体会城市体育文化内涵。将城市改革开放发展成果惠及每一位城市居民，共享美好生活，实现城市体育文化的健康交流超越时空的限制作为最终目标。

（二）推动城市体育文化管理的职能转变，促进依法行政

政府应当发挥宏观调控的职能，不断健全体育文化管理方面的规章制度，优化体育公共服务，实现秩序化发展。同时，还应强化城市体育文化发展方式制度的建设，明确制度建设目标和重心，促进依法行政，为体育社团组织提供指导，坚持“立、行、废”并重，严格遵守立法权限和程序，坚持法律效果与城市体育

文化社会发展效果的统一。要突破经济领域和传统观念意识之间的障碍。实现城市区域一体化对接，形成以法促管、以城带乡、先城后乡的新型社会发展关系，从而有序地推进城市体育文化公平、公正、公开的体育保障制度，有效地维护体育文化过程中市民的切身利益。

（三）合理建设体育设施步伐，优化城市空间布局

加强公共体育设施建设与管理，逐步提高体育文化建设以城市为中心、社区为基础的网络式服务环境。按照国家体育事业发展规划，争取早日将城市的公共体育设施建设纳入建设规划和土地利用规划。鼓励社会力量兴建公共体育设施，以提高设施建设的质量和效应。继续推动公共体育场馆和学校体育场馆向公众开放，从而形成城市体育设施空间比较合理的结构体系，并且要让大城市主要承担现代竞技体育比赛的服务功能，特别是高水平的国际比赛，而中小城市则主要承担大城市衍生出的相关比赛项目，如承担大城市承办的综合性运动会中单项比赛项目及群众体育活动内容等。由于城市体育文化发展目前还存在着不少的问题，因此在未来一段时间里，现代化、集约化、科学化是城市体育设施建设体系的重点，它对政府改善民生服务将会发挥出重要的作用。

（四）转变体育发展理念，进一步优化体育产业结构

产业结构理论认为，产业结构相对于城市经济发展来说，城市的相关政府机构不应当把工作的重点只放在引进项目及一些短期效益的项目上，应该注重发展自己的比较优势，促进产业结构的升级。像体育这类的产业结构一旦完成升级，特别是一些体育用品产业，其成本将会不断缩减至最低，相应地利润会增长至最高，企业便会自发地革新生产技术、调整产业结构。因此，在这一问题上，城市的体育文化产业项目发展应该树立比较优势的观念，实实在在地面对当前城市体育需求与产业“空心化”的观念。针对社会的新形势，也要进一步开展资源节约型的低碳体育产业发展体系，促进休闲体育、竞赛表演和体育培训等产业的服务，坚持将城市体育文化产业服务向循环经济、节能减排方向发展，在政策上要继续降低门槛和拓宽渠道，扩大并盘活体育设施资源，以此来满足城市体育产业可持续发展的道路。

第二节　城市公共体育服务设施管理

一、城市公共体育设施服务的内容

基础设施是为城市居民生活和生产提供公共服务的重要物质工程，能够维护城市社会活动的正常开展，为经济发展提供物质基础，是城市实现生存和发展的必要条件。作为公共服务系统的一部分，基础设施建设应当随着城市化进程的脚步不断做出调整，在保证质量的基础上结合城市实际增加或者减少数量。公共体育设施是其中的重要构成，主要服务于城市居民的体育锻炼健身等一系列活动，是城市体育文化建设的物质基础，是实现城市体育发展目标、完成城市体育基本任务的重要物质保障，彰显着一个城市的体育水平，它的建设进程和建设地点会直接影响城市体育公共服务的发展进程。

党的十二届三中全会的召开，为中国经济建设拉开了新的序幕，社会经济飞速发展，群众生活得到改善，其体育需求也随之增长，体育场馆设施建设越发受到重视。在政府的规划和建设投入下，我国体育场地设施数量逐年增加。《第六次全国体育场地普查数据公报》显示，截至 2013 年 12 月 21 日，全国共有体育场地 169.46 万个，其中体育系统管理的体育场地 2.43 万个，占 1.43 %；教育系统管理的体育场地 66.05 万个，占 38.98 %；军队系统管理的体育场地 5.22 万个，占 3.08 %；其他系统管理的体育场地 95.76 万个，占 56.51 %。对比第五次全国体育场地普查，全国体育场地数量增加 84.45 万个，每万人拥有体育场地数增加 5.87 个。体育场地不仅数量增长迅速，规模也在迅速扩大，相比十年前，全国体育场地用地面积增加 17.32 亿平方米，建筑面积增加 1.84 亿平方米，场地面积增加 6.62 亿平方米，人均场地面积增加 0.43 平方米。体育场地类型也更加多样化，根据此次普查数据显示，全国普查到 82 种主要体育场地类型。

（一）我国城市体育场地设施构成

1. 综合性公共体育场馆

公共体育场馆一般为国家投资兴建，由各级体育部门进行经营管理，也就是国有的，一般用于体育竞赛和表演，也会面向公众，允许公众进入开展锻炼健身活动。

在全民健身计划政策下，全民健身工程建设越发受到关注，各省市区域政府纷纷投资建设了当地的综合性全民健身场地，为民众提供公共体育服务。全民健身活动中心是系统性的大规模场所，内含各类体育设施，包括数个室内、室外健身项目设施。2001 年，国家体育总局启动了全民健身活动中心建设，到 2007 年底，国家体育总局先后扶持建设了 7 批共计 106 个全民健身活动中心，共投资 52 043 万元，其中国家体育总局投资 15 400 万元，省、区、市投资 36 643 万元。[①] 全民健身活动中心的建设由国家主导号召，地方政府参与合作，公共体育设施建设获得大量资金投入，在数量上，全民健身活动中心不具备优势，但已经改善了体育公共设施与群众需求之间的矛盾，收获了较为良好的效益，也为未来城市体育公共服务建设指明了方向。

2. 学校与企事业单位所属体育场地设施

根据《第六次全国体育场地普查数据公报》，全国体育场地已达 169.46 万个，其中位于学校、行政机关、事业单位的体育场馆数量分别为 66.05 万、8.39 万和 68.66 万，分别占总数的 38.98 %、5.11 % 和 41.81 %。学校与企事业单位所属的体育场地设施主要供学校师生、企事业员工进行体育锻炼或者组织体育活动，一般不会面向群众，或者仅有部分大学体育场地不设限制，其利用率较为有限，没能充分发挥其功用。尤其是在当前城市内的公共体育服务无法满足群众需求的情况下，这种现象就显得尤为浪费。因此，政府应当积极探索现有体育场地资源优化利用的途径，推动此类体育场地逐步开放。

如今，国家已经将学校等所属的体育场地面向群众开放的策略纳入发展计划当中，地方政府也在不断制定政策和规范将其进一步落实。2016 年的《“健康中国 2030”规划纲要》规定，“推行公共体育设施免费或低收费开放，确保公共体育场地设施和符合开放条件的企事业单位体育场地设施全部向社会开放。”2017 年，教育部会同体育总局印发《关于推进学校体育场馆向社会开放的实施意见》，提出了对于开放学校的基本条件和场馆开放时间的规定，要求筛选开放对象和明

① 国家体育总局 . 改革开放 30 年的中国体育 [M]. 北京：人民体育出版社，2008.

确开放场馆名录等，逐步推进学校体育场的开放工作。各省市也在设立体育场馆开放的中小学试点，如杭州市教育局、市体育局就于2020年印发了相关通知，明确了不同情况学校相应的开放时间和面向人群及防疫安排，发布了试点学校名单。随着学校体育场馆开放的逐步落实，城市公共体育设施服务得到优化。

3. **社会体育休闲健身场地设施**

自改革开放政策施行，中央和地方的体育部门就结合建设实际的变化和特点对群众体育设施建设做出调整，推进城市公共体育服务发展。1995年《全民健身计划纲要》出台，国务院就以此为指导，定期实施五年全民健身计划，推进了全民建设工程的有序建设。

全民健身路径指的是户外健身器材，多在社区、广场、公园等场所集中分布，为民众提供健身休闲物质基础。1996年，广州天河体育中心建成了中国第一条全民健身路径，其投资占地小，见效快，具备操作简单、实用性强的特点，能够方便社区群众的体育生活，被逐步应用到各大城市。1997年，国家体委决定在全国推广全民健身路径。《第六次全国体育场地普查数据公报》显示，截至2013年底，全国共有全民健身路径36.81万个，占据全国总体育场馆数量的22.41%，全国新建全民健身路径器械330.03万件、登山步道0.12万条、城市健身步道0.97万条和户外活动营地0.09万个，场地面积共计0.87亿平方米。全民健身路径有效缓解了城乡区域社会体育休闲健身场所和设施无法满足群众需求的状况，为群众提供了更加多样的健身方式，激发了他们的体育锻炼兴趣，提升了城乡经常参与体育锻炼的人口数量，让群众生活更加丰富多彩，城乡社区发展更加协调。而全民建设路径一般设立在社区的废地和边角处，从而大大改善和美化了城乡社区环境，成了城乡社区一道亮丽的风景线。

全民健身活动基地通常设立在河流湖泊、花园广场、山地等颇具自然风光的区域，将之与体育锻炼结合起来，设置户外活动设施，让民众能够在锻炼身体的同时，领略自然风光，是一种大型特色体育场所。该建设于2002年开展，脱胎于“环太湖体育圈”构想，即在环绕太湖设置适宜的体育活动项目，形成环太湖休闲健身带。截至2007年，国家体育总局共投入7 000多万元，命名并资助了

20 个全民健身活动基地，带动地方投入 7 000 多万元。[①] 建设全民健身活动基地将公共体育和旅游有机结合，开发了新的体育健身市场，提供了更加优质的公共体育服务，如北京龙潭体育公园、河南嵩山少林武术城等就是其中的典型。而园林体育化、体育园林化也是城市建设的重要规划，国家也在多地投资与地方政府共建城市体育公园并取得了良好效果，为群众参与体育锻炼提供了充足的休闲健身场地和设施，如北京朝阳公园、山东烟台体育公园。

4. 商业性体育场地设施

随着群众体育锻炼意识的增强，人们日常生活中锻炼健身次数增多，相关消费增加，更加愿意为了健身器材或者健身服务进行消费，相应的商业性体育场地市场逐渐形成。健身会馆和俱乐部等为人们提供了多样化的健身场地设施服务，满足了一部分有消费能力的体育健身爱好者的需要，是公共体育场地设施的重要补充。

如今，我国各大城市的健身市场规模不断扩大，健身俱乐部类型越来越多。资料显示，2001 年北京市有独立核算的体育健身企业 200 家，从业人员 11 000 人，比 2000 年增长了 12.2 %；拥有固定资产 18.2 亿元，比 2000 年增长了 26.4 %。截至 2000 年年底，浙江省有体育健身服务经营单位近 5 000 家，其中体育行政事业单位约 200 家，体育服务经营企业 1 100 家，体育服务个体经营户 3 700 多家。[②] 体育健身服务的内容也更加国际化和多样化，国内市场逐渐与国际接轨，常规的健身项目，如游泳、乒乓球、瑜伽、跆拳道等已经屡见不鲜，极限运动项目增加，如攀岩、跳伞、冲浪，也有高消费的高档健身项目，如高尔夫球、骑马等，北京冬奥会的举办也带动了一批冰雪项目的开发，如滑雪、滑冰等。商业性体育健身产业的发展，丰富了健身场地设施，满足了群众对于个性化、差异化体育的需求。

（二）城市体育场地设施优化的工作重点

场地设施是城市体育公共服务建设的重点内容，政府应当加强城市体育场地设施优化工作，建设多功能的、实用的体育场地设施，坚持城市体育公共服务发

① 国家体育总局 . 改革开放 30 年的中国体育 [M]. 北京：人民体育出版社，2008.

② 国家体育总局 . 改革开放 30 年的中国体育 [M]. 北京：人民体育出版社，2008.

展的基本原则，从贴近群众体育健身生活的场地设施入手逐步进行优化。政府在调整投资结构，优化场地设施服务的过程中，不仅要增加资金投入，还应当结合场地设施特点，有重点对其做出优化，要注意以下五点。

1. 体育场地设施突出便利性

城市体育场地设施是面向全体群众的，为他们提供公共服务，因此一定要具备便利性，政府应当根据城市发展状况和人口数量确定体育场地设施的数量，并保证其质量，结合城市交通和人口分布确定体育场地设施的位置，实现体育场地设施的全覆盖，避免其距离住宅区过远等问题，促使居民就近锻炼。如今，多数城市已经将便利性作为场地设施建设的重要原则，如山东省十分重视体育设施辐射范围，将覆盖率作为工作评价指标，强化各市区和城乡之间的和谐建设，尤为重视社区和农村体育发展，提高其体育公共设施数量，满足社区和农村民众健身需求，构建四级健身场地设施网络。青岛已经打造了社区“15 分钟健身圈”，并着力将时间缩短至 8 分钟。便利性是体育设施基础特性，关系着其能否得到充分使用，当前建设便利的公共体育设施已经成了多数城市的共识。

2. 体育场地设施建设突出多元化

随着生活品质的提升，群众对个性化、多样化的体育服务需求日益显著。群众希望能够参与更加丰富多彩的体育健身项目，这需要打造多元化的体育场地设施。反过来，多元化的体育场地设施也能够吸引更多群众参与到体育锻炼中来。政府应当建设更加多元化的体育场地设施，对已有的体育场地设施进行优化维护，推进学校和企事业单位体育场馆逐步开放，为商业健身企业提供政策扶持和引导，推进体育园林化、园林体育化建设。

3. 多元供给主体相协调

城市体育场地设施需要多元主体共同参与，优化投资结构，政府应当结合体育场地特性，开放建设条件，利用招标等竞争方式吸引更多企业投资建设。而公益性的体育场地设施不具备盈利能力，投资回报低，无法吸引民企、私企等主体参与投资，但是能够有效促进城市经济发展，能够反映出城市建设水平。政府需要承担起此类场地设施的投资建设，结合城市发展情况、居民收入水平和消费水平、居民健康水平等明确投入资金规模，而非场地设施所带来的经济效益，将预算拨款作为其成本投入。准公共物品性质的城市体育场地设施要推行供给民营化的政策，加强监督管理，并利用政府主导、联合投资、补贴、税收优惠等措施，引入民间资本，拓宽体育场地设施供给额资金来源，控制建设规模，降低运营成本，减轻政府财政负担。以多元供给主体协调方式，提升城市体育场地设施供给质量。

4. 体育场地设施配置与城市功能和特点相协调

各城市在自然地理条件和文化历史上存在差异，发展规模和潜力及资源同样大相径庭，这都是城市体育场地设施建设需要考虑的，政府应当结合这些因素进行投资规划，设计具有本地特色的供给模式，使体育场地设施配置与城市相协调。例如，山东省各城市的体育场地建设都别具特色、各有重点：青岛市利用了当地的山地和海洋资源，着重建设登山、游泳等相关场地和设施；日照市重点打造“水上运动之都”的城市名片，组织承办相关赛事促进场地设施建设；烟台市重点打造“沙滩运动之都”的城市名片，开发海岸线的体育资源，围绕着沙滩开展体育场地设施建设；莱芜区开发雪野湖的体育资源，努力建设成为航空运动城市。可以说，城市体育场地配置一定要基于当地特色和城市功能设计适宜的空间规模和供给模式。

5. 城市体育场地设施存量与增量相协调

随着城市的发展，公众所需的体育场地设施在数量、规模、类型等各方面也是不断变化的，体育场地设施建设就是要对当前存在的不足进行填补，对其中存在的问题进行优化。但是，因为城乡之间、区域之间的发展并不是协调的，行业产业结构也同样，已有的场地设施会对新建工作造成干扰和阻碍，使之难以跟上城市和人口发展的脚步，进而会造成各区体育场地设施的配置不当，有些区域可能比较缺乏，而有些则过多。所以，必须要协调体育场地设施存量与增量，根据城市发展趋势进行供给，提升已有场地设施的利用率。

二、城市公共体育设施服务管理存在的问题

（一）我国目前公共体育场地数量少、规模小

人口增长，相应地对公共体育场地、产品等的需求也会增加，此时就需要提

高这些产品的供给；城市的发展导致流动人口数量增加和迁移活动增加，也需要随之优化公共体育产品布局；人口老龄化已经成了必须直面的社会现象，同样需要针对各类体育场所、设施结构做出调整。《第六次全国体育场地普查数据公报》显示，截至 2013 年 12 月 31 日，全国共有体育场地 169.46 万个，以 2013 年末全国大陆总人口 13.61 亿人计算，平均每万人拥有体育场地 12.45 个，人均体育场地面积 1.46 平方米。而发达国家在 2003 年就已经达到了平均每万人拥有体育场地 200 多个。我国目前公共体育场地不仅数量较少，而且规模小，平均每万人拥有的开放体育场地 2.59 个，远远不能满足广大人民群众健身活动的需要。2021 年国家发展和改革委员会组织为全民健身设施补短板工程，安排中央预算内投资 20 亿元支持体育公园、全民健身中心、公共体育场中标准田径跑道和标准足球场地、社会足球场地、健身步道、户外运动公共服务设施等项目建设，20 亿元仅用于新建项目，不包括对已建成项目的维修养护管理等内容，部分地方政府为了达成指标，一心修建“政绩工程”，忽视了后续的修护管理。场地设备运营期间的投入都出自中央政府，这样的建设模式弊端明显，难以实现可持续发展。

（二）公共体育设施规范化管理缺失

当前，城市公共体育设施领域已经被投入了大量的资金，场所设施数量和规模已经显著增加。但是，我国作为人口大国，对公共体育产品需求量大，加之幅员辽阔，为实现民众就近锻炼健身，更加要增加公共体育产品供给。这就意味着政府单一主体无法单独承担全部的需求供给。除此之外，民众的体育需求具有个性化、差异化特征，每个人所常用的锻炼身体设施、喜欢参与的运动项目和体育场所也各不相同，这也是政府供给所不能满足的。政府供给通常以大多数人的需求为先，所供给公共体育物品的数量未必能满足所有人，种类也较为单一。对于每五年的《全民健身计划》，中央政府和地方政府都会在其指导下，颁布相应的规章制度和地方性法规，有效推进了城市公共体育服务建设，促进了公共体育设施的多样化供给，但是在规范化管理上仍需要进一步完善。

（三）公共体育设施发展不平衡

当前，公共体育设施在区域上呈现出不平衡的问题。各地区经济水平不一，政府可支配的用于公共体育建设的资金差距较大，这也就导致不同地区、不同省市的体育场地数量和规模上的不平衡。《第六次全国体育场地普查数据公报》显示，全国体育场地中东、中、西、东北部地区体育场地数量占比分别是 43.29 %、24.59 %、25.96 % 和 6.16 %。《中华人民共和国 2021 年国民经济和社会发展统计公报》显示，全年城镇居民人均可支配收入 47 412 元，农村居民人均可支配收入 16 902 元，城乡居民人均可支配收入比值为 2.50。全年城镇居民人均消费支出 30 307 元，农村居民人均消费支出 15 916 元。由此可见，城乡居民收入差距，相应的公共体育设施配置自然也不平衡。

（四）公共体育设施对残疾人缺乏“人文关怀”

残疾人的体育锻炼需求在公共体育设施中“隐形”了。观察社区、公园等场所的公共体育设施可以发现，其设计只要是面向身体健全者，缺失了对残疾人的关怀。公共体育设施是政府投资建设，为所有国家公民提供公共体育服务，不是专属于某个群体，是公用的，没有使用限制，面向全体社会成员，满足公众的体育锻炼需求，提高国民身体健康水平。健身场所和体育中心等应当关注到残疾群体的运动需求，组建专业的锻炼指导机构，公共体育场所及设备在设计中也要考虑到残疾群体，可以为他们设计专门的健身设备，或者建设专门的体育活动场所。多数公共运动设施的材质都是金属，较为坚硬，当人们操作不当时存在受伤的可能，尤其是经由风吹日晒后，器材可能断裂，更具有危险性，而对于这些情况引发的受伤保险、赔偿等仍旧是空白的。

（五）公共体育设施卫生缺乏相关的卫生管理标准

城市公共体育设施作为新型的人群聚集公共场所，较容易发生病毒传染，尤其是正值新冠肺炎疫情影响的情况下，更加需要做好卫生管理。但是，当前并没有明确公共体育设施卫生管理标准，如室内空气质量、噪声值、有害物质含量、消毒标准等没有相应的规定，也没有管理机构对此进行监管，很多公共体育场所存在卫生问题，没有起到促进国民强身健体的效果，反而增加了病菌传染的概率。

三、城市公共体育设施管理的对策

（一）加大对公共体育设施的投资力度

当前城市公共体育设施还未能实现公民需求全覆盖，在数量上未能满足不断增长的群众锻炼需求。政府还应当结合城市实际状况探索有特色的公共体育发展道路。例如，开发丰富多彩的健身器械和各种各样的健身活动，充分利用当地资源和材料，突出民俗文化和民族特色。在社区体育场所设施建设中，政府难以提供多样性的、个性化的服务，可以通过公私合营或者民营化的方式，引入多元主体共同参与投资运营。要建立具有自我发展和自我更新能力的社会体育机制，将公共体育场所设施建设由单一的政府主体转化为多元主体的、综合性的投资结构，提升投资规模。

（二）政府对于经营型管理要积极引导

经营型管理需要政府的积极引导，同时发挥主观能动性，立足于实际情况设计具有针对性的规范，形成适宜的管理模式，不能一概而论，有效提升公共体育服务质量，推动城市体育建设。面对日益增长的群众体育文化需求，政府必须扩大和强化公共服务职能，以公共体育服务为中心和重心，集中投资力量，面向群众提供优质公共体育产品，让广大人民分享改革和发展的成果，以充分体现社会主义制度的优越性。积极建设服务型政府，落实全民健身计划的过程中，体育管理部门要充分发挥服务职能，将管理转变为服务，以优质的服务和创新的模式吸引民众，树立起：全民健身事业发展为了人，全民健康事业发展服务人，全民健身事业发展依靠人的理念，摒弃传统的命令式的、通知式的管理方法，将服务放在首位，坚持执政为民，顺应民众需求，引导民众意愿，使之自愿参与到体育锻炼中来，提供公共产品和公共服务。

（三）加强四级管理服务模式

当前，城市公共体育管理服务分为四级，即“市—区—街道—居委会”，也就是所谓的“两级政府、三级管理、四级服务”。街道和居委会属于基层组织，更加贴近群众，能够细致地掌握群众的需求和问题，及时便利地为民众提供服务和解决问题。社区体育活动是全民健身重要组成成分，发展潜力巨大。社区应当发挥自身在公共体育服务管理中的作用，以人为本，不忽视每一个弱势群体和边缘群体，营造和谐的、健康的社区氛围。宏观上看，社区体育建设正是初级阶段，应当尽快建立并逐步完善以街道、居委会为依托，以体育、民政、文化等主管部门为指导，社会各方面大力扶持，社区居民积极参与的运作模式，推动城市体育的发展。

（四）动员全社会的力量积极参与

全民健身需要全民参与。要推进全民健身计划，就要在全社会形成健身意识，引导所有公民参与体育锻炼，形成健康生活模式。要准确定位政府、企事业单位、社会组织等在公共体育服务管理中的职责和权利，坚持管办分离，彼此职能不能转移混管，尤其是政府职能只能政府掌握，采取社团自治模式，政府负责“管”，社团负责“办”，办理具体事务。政府体育部门着力进行公共体育服务管理的宏观把握，贯彻国家方针、政策，研究制定体育行业政策和发展规划，依法加强行业管理和提供服务，降低政府部门管理群众体育的运营成本。同时，我们应遵循节约资源、合理布局原则，抓好“三个环节”（场地、组织、活动）的建设工作，避免场地设施的闲置浪费，发挥其社会效益，将其投入民众的休闲健身当中，坚决杜绝面子工程和政绩工程。完善资金管理制度，加强政府专项资金监督力度，提高资金投入的实效性和科学性。

第三节　城市公共体育服务赛事管理

一、体育赛事的起源与发展

体育赛事随着人类历史逐渐形成和发展。在漫长的时光中，其内容、形式、功能和组织方式等持续不断改变、演化，大致经历了以下四个发展阶段。

（一）体育赛事的起源

体育活动的起源虽不能准确追溯，但可以确定的是原始社会时期就已经有了体育活动的萌芽，它是从追捕猎物或者逃脱猛兽等行为中脱胎出来的。考古发现，公元前2700年，中国就有了徒手武术，埃及、亚述与克里特岛等地也出现了弓箭、跳远与球类运动。

体育活动的初始部分以独立身份存在，而且带着祭祀的意味，一般是为祭祀等活动进行的。其意义也更加符号化，多是为了表现自身的信仰，具有强烈的仪式性质。全球最负盛名的奥林匹克运动会的前身就是古希腊人的宗教祭祀活动。当时古希腊人并没有统一信仰，而是相信世界上有多个神明，他们掌管不同的自然力量和艺术情感力量，在宗教节庆日，古希腊人会通过举办体育赛事表达信仰，并相信胜者会得到奥林匹克十二神的宠爱。同时奥林匹克运动会也是和平的象征，当时的城邦主约定，在此期间为了表现对神的虔诚信仰，不能够发动战争，是珍贵的和平时期。奥林匹克运动会中传递的火炬象征的正是和平、友谊和团结。古希腊人的体育观念和赛事至今仍影响着无数体育竞赛的开展，其竞赛精神仍在传承。对于古希腊人而言，体育运动十分崇高，不容许任何人玷污，古希腊诗人荷马的《伊利亚特》（公元前8世纪）中就曾记述阿奇里斯为了纪念在战争中死去的朋友巴托勒特别举行了一场体育竞赛，这是目前为止有关运动比赛最早的记载[①]。

（二）体育赛事的萌芽——体育游戏

体育活动祭祀色彩的脱离是通过游戏的形式，并由此逐渐演化成为体育赛事，开始具备娱乐色彩。例如，网球运动的起源可以追溯到12世纪法国传教士用手掌来回击球的游戏，这种游戏被传到宫廷后成了贵族娱乐的消遣，又逐渐发展成为竞赛。如今的滑冰运动其实早在我国宋代就已经出现，被称为“冰嬉”或者“冰戏”，也就是冰上的游戏，在清代时是十分盛行的皇家冬季消遣。现代足球同样可以追溯到我国宋朝时期，与当时的游戏“蹴鞠”颇为相似。羽毛球起源于2000年前，当时中国、印度等地都有类似的游戏，叫作“打手键”和“浦那”，

① 肖林鹏，叶庆辉．体育赛事项目管理[M]. 北京：北京体育大学出版社，2005.

后来被英国军人带入英国，成了茶余饭后的游戏，又逐渐演化成现在的运动方式和规则。

（三）体育赛事的传统形式——体育竞赛

逐渐从“游戏”中过渡、脱胎而出的体育活动经历规则和用具一步步地改变之后进化成了体育赛事。相比以休闲娱乐的体育游戏活动，体育竞赛更加有竞争性和技术性，内容更加丰富和规范，规则更加系统和严密。所谓体育竞赛，其实就是各类体育项目的总称，接受统一规则的限制，坚持公平公正原则，发挥个人体能、技术和战术等，两个人或者两个团队之间做出体育竞争。

在体育竞争活动发展的早期，赛事组织举办方与参与者只关注活动内容本身及其结果。体育赛事主要包括三个部分，也就是参与人群、竞赛空间和物质条件、组织管理。当时的体育赛事仅限于体育范围内，没有与自身之外经济、社会和文化、科技等环境产生主动联系，这就主要是与社会状况和赛事自身影响力有关，当时的生产力较为落后，人们没有什么物质和精神上的享受，体育赛事没有受到其他领域的关注，也无法影响到其他领域。

（四）现代体育赛事及其发展特征

传统体育赛事在成为一个独立的概念和活动之前，曾经以休闲娱乐游戏有关，也曾带有宗教神秘色彩，但其最大的特征还是至今仍存在的“非功利性”“公共性”。这种特性有着一定范围的限制，也许是学校范围内、省市范围内，也许是国家、实践范围内。传统体育赛事的举办者和管理者一定是一个公共的组织或者部门。然而，现代体育赛事在传统体育赛事的基础上受到了经济、文化、政治等各种外界环境的影响，更加复杂化，内涵和外延更加丰富。现代体育赛事既朝着专业赛事方向发展，也有了大众体育这个新方向，象棋、围棋、売牌、麻将等休闲体育，甚至电竞也被归属其中。

1. 体育赛事的“节庆化”

随着市场经济的发展，人们或者组织对成本、投资等的认识更加深入，很多纯粹的艺术、体育、娱乐活动都开始加入了更多商业性的内容，体育赛事逐渐“节庆化”。

这种趋势以1984年奥林匹克运动会为节点出现了根本性的变化。1984年在美国洛杉矶举办的第23届奥运会开创了通过市场运作体育赛事的先例，并取得了可观的赢利。此次奥运会开始，后续的举办管理者都将商业营销当作重要管理工作内容，各种转播费和广告费等收入也日益增加。由此看来，体育赛事的影响力已经超出了体育领域本身，更加具备商业性质。不管是为了追求利润，还是满足公众期望，或者宣传本国文化，举办方在承办管理体育赛事的过程中都会更加关注其与经济、文化等领域的融合，提供以体育竞赛产品和服务为中心的“事件组合”产品与服务，将体育赛事作为“节庆项目”，围绕体育赛事开发一系列旅游资源，多方位发掘体育赛事的经济效益。与此同时，举办管理方也更加关注民众对体育赛事的偏好和需求，并据此进行赛事改革，以开发更广阔的观众市场。这也就是体育赛事的节庆化。例如，业余选手的竞赛观赏性和技术水平总体偏低，汉城奥运会就改变原本的规则，开始允许职业选手参加奥运会，职业选手高水平的竞赛自然吸引了更多的观众，促使奥运会更加满足市场要求。这也加快了体育赛事市场化的进程，此后的50年内，以奥运会为代表的传统体育赛事的影响力迅速从体育领域溢出，成为集社会、政治、经济、文化等多因素为一体的、与外在的环境（尤其是与举办地的经济环境）产生紧密而又不可分割的、联系的、综合的特殊活动。除上述三个要素外，媒体、赞助商、社区公众、志愿者等众多的人群或组织机构也成为体育赛事的重要利益相关者。

2.“企业网络”背景下的现代体育赛事

现代体育赛事的参与人群组织不再是仅限于运动员、裁判人员与组织管理人员的范围，而是处于“企业网络”之下。所谓网络，指的是由经济与商务活动中的行为主体在主动或被动地参与活动过程中，通过资源的交换和传递活动过程中发生联系的各种关系总和。企业网络理论是随着社会经济发展和企业发展应运而生的。经济全球化趋势下，市场变化频繁、竞争激烈，为了更好地生存和发展，企业不得不努力降低成本，加强资源整合，经营理念上也更加趋于“网络化”发展思路，也就是与相关企业达成长期合作形成共同发展的利益网络。企业网络理论的重心转变可以分为三个阶段。

从该理论的角度分析，体育赛事也处于这样的发展关系网络之中，是其中的一个交叉点，这个网络以它为中心，包含所有参与赛事的行为主体，是由这些主体的资源交换和传递中的联系及其所构建的经济关系构成。体育赛事（特别是大型体育赛事）的运作需要不同企业、行业部门之间形成稳定的合作“网络”进行合作和协作以降低体育赛事运作的交易成本并提高交易效率[①]，如图 5-1 所示。

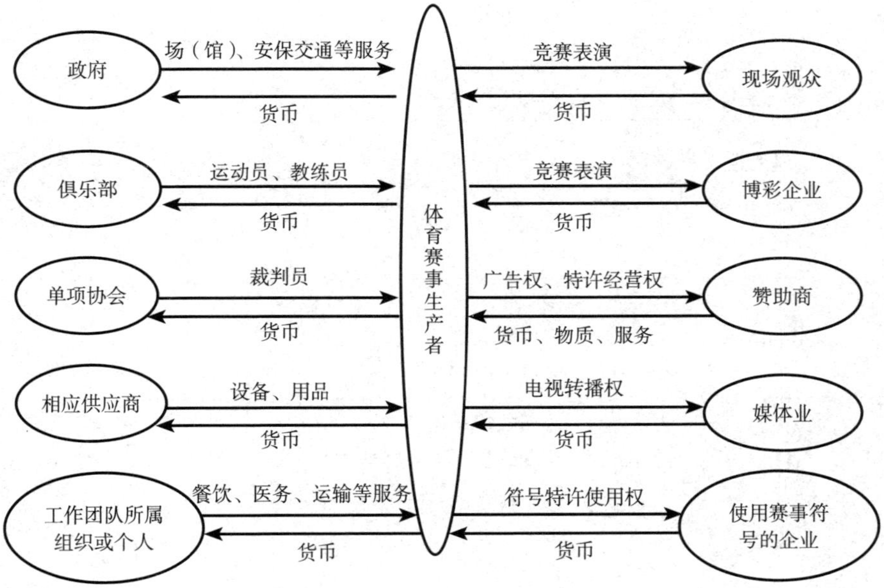

图 5–1　合作“网络”

二、体育赛事的分类

对体育赛事进行分类能够促进相关的理论和实践研究。但是分类一般为学者从自身研究角度出发进行，具有主观性和功利性，分类标准和结构各不相同。本书对体育赛事的分类主要依据国际上比较权威和通行的节事分类法，结果如表 5-1 所示。

① 罗建英，丛湖平 . 商业性体育赛事网络结构特征及其关系 [J]. 体育科学，2010，30（4）：11-20.

表 5–1　体育赛事的主要分类依据

分类标准	分类结果
举办日程（时间特点）	定期 / 传统体育赛事和一次性 / “利基”体育赛事
比赛项目与内容	· 单一赛事 · 综合性赛事
可进入性	· 公开性 · 不公开性（针对特定人群） · 准公开性
举办目的（参与主体）	· 观众导向型 · 参与主导型
专业程度	· 专业 · 业余
比赛地点	· 室内 · 室外
影响范围	· 国际 · 全国性 · 区域和地方
赛事结构	· 短期的锦标赛 · 年度的联赛（或冠军赛）
规模	· 超（特）大型 · 大型 · 小型

（一）传统赛事与“利基”赛事

传统赛事有两个最基本的特征，第一，传统赛事有独立的、专门的主管组织，该组织会针对赛事的申请、举办、项目内容和裁判、奖励和处罚等相关事件制订较为严密的规则，更据此进行赛事资格审批和运营监督。现代奥林匹克运动会的主管组织就是国际奥林匹克委员会，相关章程即《奥林匹克章程》。另外，世界杯足球赛等单项体育赛事和亚洲运动会等洲际性综合运动会均属于这类赛事。第二，传统赛事，又被称为“定期体育赛事”，是定期举办的，举办地没有限制，有些是举办地点不变，有些则会提前竞选举办地，其中不能忽视的一点是，传统赛事在长期的举办历程中会加入或者取消某个项目，也会根据地域文化和人口等做出调整，但并不会发生本质的改变。

“利基”赛事，又被称为“一次性体育赛事”。部分“利基”赛事是对某传统赛事进行改革和更新的结果，部分“利基”赛事是传统赛事地方化的结果。所谓的传统赛事地方化，指的是巡回赛事承办方将之与当地文化紧密结合而形成了一个极具特色的赛事。例如，2010 年广州亚运会，2008 年北京奥运会，都可以被称为是“利基”赛事。但是从本质上说，“利基”赛事是指全新创造的赛事。它的主要特点有三个：首先是具备极强的目标针对性，在举办赛事时特别考虑了某方面的市场；其次是在内容和形式上并不一定要与传统赛事区分开；最后是只举办一次。

传统赛事和“利基”赛事是从举办的时间特点上区分的，前者是在后者基础上经过演化而形成的。并不是说一个赛事要么是传统赛事，要么是“利基”赛事，其实两者可以融合于同一场赛事上，如北京奥运会，虽然只是奥运会的其中一届，是传统赛事，但是对于北京而言却只有一次，是“利基”赛事。

（二）观众导向型和运动参与型赛事

从举办目的或者参与主体的角度看，体育赛事可以分为观众导向型和运动参与型两类。观众导向型赛事包括美国职业篮球联赛（NBA）、世界乒乓球锦标赛、世界田径锦标赛等。这些赛事的参与者多为职业运行员，具有较高的竞技水平，项目内容也较为大众，有着庞大的固定观看受众，观赏价值高，历史较为悠久。也就是说，会有大量当地观众和外地甚至国外的观众来观看赛事。而运动参与型赛事包括上海国际马拉松赛、城市举办的马拉松赛等，这些赛事项目内容比较小众，观众少，但是参与人数多，且多为非专业人士。举办这类赛事是为了宣传鼓励民众进行体育锻炼，是公共性比赛。

（三）基于规模的体育赛事分类

在体育赛事领域，规模的大小也有不同的衡量标准。这些标准主要包括以下七种：

1. 体验水平

体育赛事的体验水平能够反映出规模大小，规模越大，越能引发大众兴趣，会有更多的媒体关注进行追踪报道，如奥运会这种世界比赛，有条件的国家都会转播，学校运动会只有该校学生和学生家长关注。

2. 影响程度

衡量一场体育赛事的规模通常会根据其对举办地的影响来进行。体育赛事不断节庆化和商业化，其对区域经济文化的推动也越发显著，不管是主办方，还是申请举办的城市对此都十分关注。

体育赛事的规模一定程度上决定了其对于当地经济文化等方面的影响程度，尤其是能否具备比较高质量的旅游效应，提升当地旅游人数，以及会有多少观众到现场观看竞赛。除此之外，还包括赛事留下的遗产数量与质量。

3. 媒体报道

通常来说，体育赛事的规模越大，就会有越多的媒体进行持久的追踪报道，关注者越多越能够说明赛事所具备的商业价值越高，自然转播费用越多，对于赞助方的品牌提升越有利。

4. 政策意义

赛事的影响也会体现在政策上。为了迎接大规模赛事或是为了更好地利用赛事的附加价值，举办地会制定针对性的政策。这类赛事往往需要较高的投资成本。如果规模小，就不必制定专门政策，依靠当时的政策安排就可以顺利开展。

5. 事件的多样性

在赛事举办过程中，管理组织通常会为此举办开幕等预热活动，或者在赛事进行中和结束后举办补充活动，从而形成一个大的“节事组合”，丰富了赛事活动的多样性。

6. 身份

这通常是针对传统体育赛事本身是否在公众眼里有一定的声望或显著的身份。这是衡量体育赛事规模的一个重要的无形指标，具有间接但又十分重要的意义。

7. 传统与标志

传统的影响是潜移默化而又深远持久的。一个被列入传统范畴的体育赛事，会对人们的消费产生一定的影响，逐渐构建出相应的体育亚文化，具备一定的粉丝团体，形成粉丝经济。传统同样是无形的重要指标。

“标志”即区别某一事物与其他事物的标记（符号）。现阶段，研究领域关于标志体育赛事没有准确的定义。不过，判断一个体育赛事是不是标志性的体育赛事，也有着一定的根据——主要看其是否具有下述的集中内涵或者特点。

（1）赛事已经成了当地文化或者空间上不可磨灭、不可忽视的一部分。

（2）体育赛事和举办地已经密不可分，作为其城市名片给人们留下深刻印象。

（3）赛事已经成为举办地社区永久性的惯例，富有传统，并因此产生竞争优势（尤其是从旅游发展角度）。

（4）赛事是地方标志性符号（而不仅仅代表声望或名声），对举办地具有象征意义，如鸟巢之于北京。

（5）标志性体育赛事也可以是在不同地方巡回举办的赛事，但是它不管在哪里举办都能够吸引大量的参赛运动员和观众，其成功是由于赛事自身，而非举办地。

基于规模的体育赛事分类结果如图 5-2 所示。

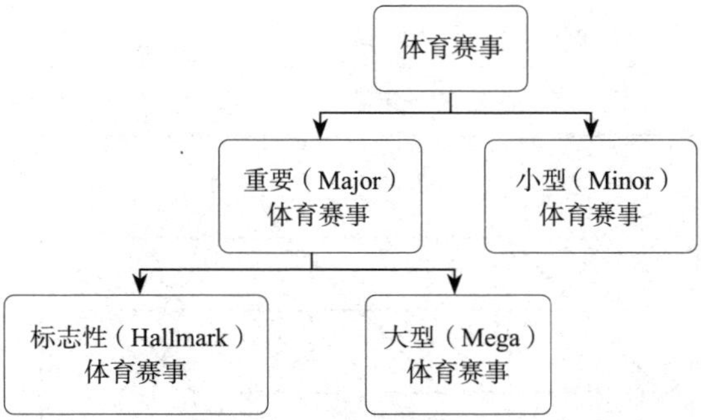

图 5–2　基于规模的体育赛事分类框架图

不能忽视的一点是，评价赛事规模是非常主观的，在本质上是衡量赛事在举办地发挥的影响力的大小，这是不能够量化的，没有绝对的评价标准。即使按照参赛人数和观众人数等某些标准看来属于小规模的赛事，只要它在一定区域内产生了明显影响，那么也能够算是大型体育赛事。相反，即使在体育领域具有一定权威性的赛事，如果没有对当地经济造成重要影响，就不能归属于大型体育赛事。赛事的经济影响也受到体育消费特点限制。

上图中的“标志性体育赛事”与“大型体育赛事”两个类型之间是有部分重合的。也就是说，有一些体育赛事既可视为大型节事也可视为标志性节事。

结合前面关于体育赛事概念的解释与分析，以及目前国内外学者对赛事分类的理论与实证研究成果，本书以“时间”“空间”和“竞赛项目”3个体育赛事最为基本的构成要素作为维度，提出一个“三维立体”的系统分类框架图，如图5-3所示，以期将目前所见的所有类型的赛事（如表5-2所示）均包括在内。

表 5–2　赛事类型

类型序号	特征	举例
a	不定期—综合—流动举办	—
b	定期—综合—流动举办	奥运会、世界杯、全运会
c	不定期—综合—定点	—
d	定期—综合—定点	校运会
e	不定期—单项—流动举办	龙舟赛
f	定期—单项—流动举办	世界游泳锦标赛、欧洲冠军杯决赛
g	不定期—单项—定点	—
h	定期—单项—定点	四大网球公开赛

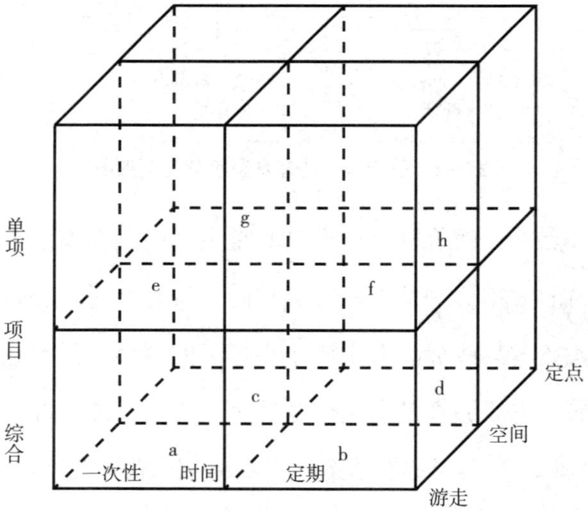

图 5–3　系统分类框架图

在这个分类框架中，“时间”维度是指赛事是否定期举行，也即时间上是否有规律。“空间”维度则是指举办地是否固定在某一地（城市）。“项目”维度是指体育竞争项目是单项还是综合性（多项）比赛。

这个分类框架是开放性的，一些可能的类型目前尚不能找到典型的例证，但是在未来则有可能出现。另外，从此表可知，暂时空缺的类型主要表现在举办时间的“不确定”这个分维度上。这一现象表明各级各类体育赛事已经定型化和常规化，一方面体现体育赛事在经济、文化与社会生活中的重要性；另一方面也体现许多体育赛事已经超出传统的体育竞技范畴，产业化趋势已经很明显。需要特别说明的是第五类赛事（不定期在各地举办的单项赛事）。一个比较有代表性的典型例子就是在我国各地举办的龙舟赛。通过各类媒体的报道可知，这个传统的民间体育竞技活动在内涵上已超出了文化范畴，时间上也不具有文化性，即不仅仅是在端午节当天或前后举办，而是在全年都有各级各类“巡回赛”举办。关于这个赛事的发展演化及其实践意义，后文将有详细的论述。

三、我国体育赛事公共服务的表现形式及其社会意义

新中国成立初我国没有公共服务的概念，体育赛事公共服务的概念出现更晚。20 世纪 90 年代开始，我国教育、医疗等产业化的改革不断深入，随之产生一系列社会问题。为解决这些问题，胡鞍钢等一批经济学家提出公共服务的概念。体育赛事公共服务概念在 21 世纪才出现，这一概念的核心就是既要满足高水平竞技运动员、教练员的需求，更应满足普通大众开展体育赛事需要的服务。在我国体育事业中，体育赛事公共服务一直扮演着宣言书、宣传队和播种机等不可或缺的角色。

（一）中华人民共和国成立初期

1949 年，中华人民共和国成立。由于抗日战争和解放战争，中华人民共和国成立初期的中国，物质贫乏、资源稀缺，百废待兴。人民营养不足，身体素质普遍偏低。因此，在 20 世纪 50 年代初，毛泽东同志就提出发展体育运动，增强人民体质。以至于体育赛事在当时处于从属的地位，其目的主要是为了推动群众体育的发展。

1951 年，中国参加了在意大利都灵举办的第一届世界大学生运动会的部分田径比赛。但严格意义上说，新中国体育赛事的时间起点是在 1952 年。自 1952 年我国派代表团参加第 15 届赫尔辛基奥运会开始，新中国的体育赛事才有了向前发展的历程。直到 1959 年，周恩来总理在《政府工作报告》中指出，在体育工作中，应当贯彻执行普及和提高相结合的方针，广泛开展群众性的体育运动，逐步提高我国的体育水平。

1959 年 9 月 13 日，中华人民共和国第一届运动会开幕。这次全运会既是首次对体育赛事水平的测试，也是对群众体育运动的检阅。不过，此次全运会，也是为推动群众体育发展而服务的。但体育赛事已有闪光点出现。20 世纪 50 年代中期，中国足球队同当时的亚洲强队印度比赛，以 7 比 1 大胜对手，上海队前往西亚的友谊赛中，也是以全胜战绩凯旋。1959 年 4 月在联邦德国第二十五届世界乒乓球锦标赛上，容国团代表中国，以 3 比 1 战胜匈牙利名将悉多，为中国夺得了第一个乒乓球男子单打世界冠军，也是中华人民共和国第一个世界冠军获得者。在当时内忧外患的中国，体育赛事带给中国民众极大的精神鼓舞，进一步强化了体育赛事在普通民众心中的地位。

同样从 20 世纪 50 年代开始，体育赛事被应用于学校教育。由于政治、经济环境的影响，普通大众对体育赛事知之甚少，学校体育成为他们了解体育赛事的主要渠道。1957 年，影片《女篮五号》的产生，成为大众了解体育赛事的又一渠道。该影片反映的上进、竞争、爱国等精神和情感，在当时大受欢迎，成为激发和引领大众对体育赛事观赏需求和精神需求的重要作品。这在一定程度上得益于毛泽东同志提出“若干年内超英国，赶美国”的口号。虽然有所偏离我国当时所处的环境，但却极大地鼓舞了人民，这也为我国体育赛事的发展创造了良好的开端。

以上表明，在各方面条件都落后的时期，体育赛事在群众体育、学校体育等方面发挥的作用仍不可小觑。它所体现的公共教育功能、对公众体育观念的影响和满足普通大众参与体育运动和对体育精神的需要，在现在而言，就是体育赛事公共服务的核心内容和重要表现。

（二）社会主义探索时期

由于复杂的国内外环境影响和对社会主义建设经验的不足，我国国民经济遭受严重创伤，加之自然灾害使人民生活雪上加霜，体育赛事也受到较大的影响，却未止步不前。

1961 年 4 月在北京工人体育馆里，第 26 届世界乒乓球锦标赛成功举行，中国乒乓球队获得三项冠军，在当时成为振奋人心的大事；1963 年 4 月的第 27 届世界乒乓球锦标赛，1965 年 4 月的第 28 届世界乒乓球锦标赛，中国乒乓球代表团连续三届都有冠军的诞生；1965 年 9 月中华人民共和国第二届运动会在北京举行。

此时我国处在社会主义探索的困难时期，落后的经济成为向前发展的一大绊脚石。这也使得体育赛事整体发展十分缓慢。但我国的乒乓球项目在国内外所取得的斐然成绩，使体育赛事成为举国上下的关注对象。虽然此阶段体育赛事公共服务在其他方面作用甚微，但从心理和精神上对人们起到了较大的鼓舞作用，成为丰富国民精神世界的主要食粮。

（三）政治动荡时期

这一阶段是我国政治最为动荡的时期，政治影响了经济的正常发展，对各项社会事业的发展产生了极大的冲击。我国体育事业停滞不前，运动员停训、专业队解散等，中国甚至退出了国际体坛。但偶有工会、企事业单位，内部组织娱乐体育，来丰富单调的文化生活，在一定程度上有利于群众体育的发展。

虽然政治因素占主导地位，但某些竞技项目却继续保持“良好”的发展趋势，如乒乓球。1971 年 3 月中国乒乓球代表团参加在日本举办的第 31 届世界乒乓球锦标赛，获得四项冠军。1971 年 4 月 14 日，美国乒乓球代表团应邀访华。这在当时举世瞩目，对中国体育甚至是当时世界历史格局产生了巨大影响。1973 年 3 月，中国乒乓球代表团在印度参加第 32 届世界乒乓球锦标赛，再次获得三项冠军。体育赛事公共服务在此时发挥着服务外交的功能，对国家发展起到了一定的促进作用。

（四）改革开放时期

1978年党的十一届三中全会的召开，标志着我国改革开放拉开帷幕，但正式实施则从1979年开始。1979年以后我国建立了独立和较完整的国民经济体系，改变了中国的旧面貌，综合国力大幅提升，为改革开放和社会主义现代化建设新时期打下了坚实的基础。在此期间，文化、体育、卫生等各项社会事业全面恢复，体育赛事也重新回到学校课堂，回到大众视野。

足球、篮球、排球和其他有影响的项目纷纷恢复，国内的专业联赛也重新焕发光彩，由于场地等原因，直接植根于企业和社会中，以篮球联赛为例。当时“八一队”最优秀，前亚洲第一中锋穆铁柱，是闻名全国的篮球明星，球迷数不胜数。因为联赛多在大型国企等基层单位举办，民众可以免费观看，这样“天时地利人和”，可以让人们近距离感受到篮球明星的魅力，不仅拉近了球员与普通民众的距离，满足了老百姓在体育赛事公共服务方面的需求，也在丰富基层文化生活方面做出了突出贡献。1977年3月，中国乒乓球代表团在第34届世界乒乓球锦标赛获得四项冠军。1981年中国足球队参加世界杯亚太地区预选赛，万人空巷。虽最后未能出线，但他们以骄人的成绩向国人证明了体育赛事的强大生命力和影响力。同样也是从1981年开始，女排的“五连冠”让整个中国都在沸腾，并随之产生了闻名于耳的“女排精神”。这种精神在当时被大力提倡，更多人则通过女排精神，通过体育赛事，真实地体会到一种从未有过的自豪感。女排精神，也对各行各业的劳动者都起到了激励、感召和促进作用。1982年11月的第九届亚运会上，中国体育代表团金牌数和总分首次名列第一。1984年洛杉矶奥运会，中国选手许海峰的夺金，实现了中国奥运金牌零的突破，使中国体育赛事开始走向世界。

此时，中国是一切都需要发展，一切都需要发展方向。取得巨大成就的体育赛事，开始被提到了前所未有的高度，在制度和资金上得到优先发展的保障。体育赛事不仅成为中国体育的主力，更成为整个民族昂首前进的精神动力，对社会产生了重大影响。体育赛事公共服务的内涵开始不断丰富、充实，不断发挥服务作用，更是进一步激发了大众对体育赛事公共服务需求。

（五）思想解放时期

改革开放的大潮已席卷整个中国，此时中国正处在思想解放的重要时期，不仅打开了与世界交流的窗口，也打开了人们的思想窗口。国外体育的发展状态让人们更加关注体育赛事，体育赛事逐渐成为大众茶余饭后的话题。

改革开放以前，人们的娱乐活动主要有看电影、听收音机、下棋、打牌、看书等。改革开放以后，体育赛事改善了人们的生活状态，各厂组织文体活动，如职工运动会、篮球、乒乓球、足球等比赛。学校体育的开展朝气蓬勃，青少年爱打乒乓球、踢足球。思想的解放还使奥运会有了一种特有的体育和精神文化氛围，带动了经济的快速发展。中国在 1988 年汉城奥运会、1992 年巴塞罗那奥运会的表现，牵动着亿万人民的心，体育赛事让他们沉浸在激情高涨的体育氛围中。北京亚运会是中国首次承办的大规模国际运动会，使体育赛事与中国人民更加贴近。中国运动员获得全部金牌的 3/5，男子游泳运动员沈坚强获 5 枚金牌，列个人金牌数首位。亚运会歌曲《亚洲雄风》红遍大江南北。

此时的体育赛事已不仅仅停留在单个方面，它逐渐成为媒体、影视、表演等多种文化的追崇对象，进一步开拓了体育赛事公共服务的服务空间。体育赛事公共服务满足群众的观赏、精神需求和对公共产品的需求等，也带动了群众体育的发展，为市场经济发展奠定了基础。

（六）市场经济初步形成时期

这一阶段，国内政治趋于稳定，国际地位不断提升，中国经济也开始走市场经济道路。此时体育赛事紧跟时代步伐，开始职业化，同时寻求更加多元化的发展道路。

1996 年，第 26 届亚特兰大奥林匹克运动会因为突出的竞技结果而被人们记住的长跑女将王军霞在 5 000 米比赛中，以甩出亚军二十多米的成绩一举夺得金牌，将中国人的骨气、志气和勇气体现得淋漓尽致。射击老将王义夫带病参赛，打完最后一枪后，便晕倒靶场。这种不屈不挠的顽强精神，立即在国内引起了强烈反响。在学校体育中也出现了高水平赛事，如中国大学生联赛、中学生联赛等。通过竞赛活跃文化生活，提高青少年学生的健康水平，发现和培养优秀体育人才，推动学校体育工作的开展。这种以国家和政府为主导地位，以体育竞赛表演为主的体育赛事基本公共服务，成为满足普通大众观赏、精神需求和教育民众的主要方式。

由于我国经济快速发展，体育赛事公共服务开始通过市场为大众提供以高水平赛事表演、相关体育产品等准公共服务，来满足体育赛事庞大的群众需求。早在 1992 年，国家体育运动委员会就确立了中国足球首先走职业化道路的方向。1994 年全国足球甲级联赛拉开帷幕。全国共有约 15 万人到现场观看了首轮比赛，足球联赛成为全社会关注的焦点。这天起，中国足球正式迈出了职业化改革的步伐，其他项目也逐渐职业化。业余体育赛事的发展也如雨后春笋，开始蒸蒸日上。此时的普通大众已不再满足仅仅观赏体育表演，而是开始参与其中。因而，为了更广泛地开展群众体育活动，增强人民体质，1995 年国务院颁布了《全民健身计划纲要》。在此基础上，全民健身公共服务、学校体育公共服务等概念逐渐明确化，功能更加细化。但体育赛事公共服务仍起主导作用，以为人们提供不同的体育赛事需求为根本，包括有关基础设施建设、技能培训、信息服务等，不断适应社会变迁，增添自身新的社会功能以保证对公民广覆盖、全覆盖，不仅为全民健身计划做出了正确的方向引导，也奠定了良好的实施基础。

（七）21 世纪

2000 年，我国开始向服务型政府转变。体育赛事公共服务的概念开始明晰和确立，并且在 21 世纪的服务范围更广，发挥的作用更加显著。

经过 2000 年悉尼奥运会和 2004 年雅典奥运会的再次洗礼，中国已在体育赛事的战场上占领一席之地，但都以客场作战。但 2008 年第 29 届奥运会在北京的主场作战，让全体中国人欣喜和骄傲。中国以 51 枚金牌，首次位列夏季奥运会金牌榜第一名。因为北京奥运会，城市、体育场馆、机场、火车站、城市道路、电信系统、新闻信息中心和奥运村及其辅助设施等大型基础设施开始大规模地建设和改造，北京环境的治理和就业岗位的增加，也成为竞技盛会所带来的福利。围绕奥运进行的爱国主义、集体荣誉、文明意识等和谐关系、体育精神和行为倡导等，使整个国家刮起了一股和谐新风尚。也由于奥运会，体育赛事产业链条发展所带动的经济效益不可估量。北京奥运会的举办，还使我国全民健身达到了最高潮，体育赛事和群众体育成为协调发展的典范。

体育赛事的号召力超出了领域限制，加深了群众对于公益事业的认识。部分体育明星，如姚明、林丹等人尝试参与公益事业，引起一阵热潮，这对于我国是一次有益的尝试，更多的群众关注并希望参与其中。这就要求政府完善职能，加强公共体育赛事服务建设，体育明星也应当增强社会责任感，借助自身影响力，促进公益事业发展。

纵观我国体育赛事公共服务的发展历程，可以发现其在各个时期都有着相应的侧重点，这与我国政治、经济环境密不可分，是根据实际做出的现实和历史选择，这是新中国体育事业发展的宝贵财富。有关体育赛事公共服务，一开始没有具体概念，到出现定义，它的服务行为却从始至终从未间断。不同时期扮演不同的角色，产生无法忽视的社会影响。在不断满足中国社会、人民对体育赛事各种需求中，从单一化到多元化服务，让更多人受益于体育赛事公共服务，同时利用它的各种资源优势服务于体育公共服务的其他基本形态。

四、体育赛事在城市公共文化服务中的地位和作用

伴随社会建设步伐的迈进，政府角色从管理者逐渐转化为服务者，而这就需要充分发挥其服务职能，尤其要推进公共文化服务发展。体育赛事正是其中的重要构成，作用巨大。公共文化服务体系能够有效推进和谐社会建设，传播本国优秀文化，增强国家软实力，2017 年，党的十九大中重申，要完善公共文化服务体系，深入实施文化惠民工程，丰富群众性文化活动①。在我国政府职能转变、构建公共服务型政府的新形势下，体育赛事作为公共文化服务的重要组成部分，在公共文化服务体系中如何定位，以及如何利用自身资源优势，发挥其在构建公共文化服务体系中的作用②，成为未来发展关注的要点。

① 刘敏 . 公共文化服务 [M]. 北京：中国经济出版社，2019.

② 胡锦涛 . 坚定不移沿着中国特色社会主义道路前进为全面建成小康社会而奋斗 [M]. 北京：人民出版社，2012.

（一）体育赛事在公共文化服务中的地位

1. 体育赛事在公共文化生活中的不可或缺性

如今，群众生活质量提升，新媒体技术不断发展，群众对于精神文化产品需求更加旺盛。相比其他文化艺术产品形式，体育赛事门槛低，更加易于理解，也更易入人心，体育赛事的受众不断扩大，成为群众生活重要部分，如世乒赛、奥运会等大型赛事在线上线下都有专门的转播栏目，关注度极高，正体现了人们对于体育赛事的热衷。人们热衷地追崇体育赛事，正是因为体育赛事体现了人类“更快、更高、更强”的价值追求[①]，体育赛事所展现的挑战自我、奋发进取和公平竞争的精神是人类文明的珍宝，也是人类共同的价值追求，体现了人类不断挑战自我、超越自我的共同精神。

2. 体育赛事在公共文化服务中的社会公共性

体育赛事作为公共文化服务的一部分，也应当体现出其社会公共性和公益性。公共文化服务是政府出资，相关文化机构免费提供，群众免费享受的文化服务。政府在管理服务中必须基于此制定政策方案，如根据体育赛事特点，将其中的部分免费开放给社会公众，或者给予补贴，降低门票价格，让更多公众能够观看竞赛，激发公众的体育运动热情，让公众获取更多赛事知识，主动参与其中，提升国民体质。从当前的公共体育文化服务中可以看出，群众更加热衷于较为大众的球类赛事和体操、游泳等赛事，并且组建了相应的粉丝论坛。

3. 体育赛事在公共文化服务中的传导引领性

体育赛事是公共文化服务事业的重要内容，也是构建和谐社会的组成部分。所谓公共，强调的就是社会全体公民都有权利了解和享受与之相关的一切物品和服务，公共文化服务不仅包括图书馆、农家书屋等物质性的设施和产品，也包括农村电影放映、政府组织的公共演出及体育赛事等精神性的服务，体育赛事作为其中的一部分也应当发挥自身作用。现阶段，体育竞赛的公共服务主要包括运动团队下基层、进校园、知识讲授等活动。加强公共体育竞赛服务建设，将能够推动文化产业、事业发展，更好地满足群众的精神生活需求，让发展成果惠及人们，建设和谐社会。

---

① 卢存．浅论体育赛事的地位和作用 [J]. 广西中医学院学报，2000，17（1）：90-91.

（二）体育赛事在公共文化服务中的作用

1. 充实公共文化服务内容，提高政府服务质量

体育赛事作为公共文化服务的一部分，两者之间存在着相辅相成、互相促进的关系，加强体育赛事建设，就是在丰富公共文化服务内容。文化服务已经成了政府工作报告中的热点词汇，这正反映了人民对其需求不断增加，同时这种需求更加个性化和多元化。因此，政府必须不断完善公共文化服务内容和方式，这需要体育赛事发挥其特殊优势。建设服务型政府要以人为本、以民为先，通过试点区域和试点项目逐步探索相对完善的服务方案，可以将之推广应用于体育赛事服务之中，开发其文化价值，从而提高政府服务质量。

2. 完善赛事举办，为公共文化服务提供更多资源

北京奥运会和北京冬奥会的成功举办，为我国的体育赛事发展注入了新的力量，为其他赛事的举办提供了成功范例。如今，我国许多城市都在积极申办大型运动会赛事，打造体育名城，直接推进了体育经济发展，也带动了相关的旅游、服务等行业，优化了产业结构，也为公共文化服务创造了有利条件和环境。为了赛事而优化和更新的基础设施、赛事遗留的场地设备、赛事带起的体育热潮、运动员身上宝贵的体育精神等都是重要的资源，促进了公共文化服务的完善。

3. 增加休闲娱乐方式，满足社会公众不同服务需求

随着可支配收入和时间的增长，人们有条件更多地投入娱乐生活，其需求也更加个性化和差异化。每个人都有自己的生活方式和偏好，加之区域实际状况限制，城市的公共文化服务在数量和类型上难以满足群众需求。当前许多城市纷纷承办国际赛事，政府着力发展职业体育教育，对于休闲体育，人们有了更多的兴趣和选择，冰雪运动、真人 SC 等活动参与人数逐渐增加。体育赛事在已有的大量传统项目的基础上，纳入新的竞赛项目，如电竞等，相应地为公共文化服务的内容创新提供了方向，使之更好地满足群众需求。

五、城市公共体育赛事服务管理的策略

奥运会的成功举办与其对北京发展的推动，让各大城市认识到了体育赛事对

于城市发展的重要价值，纷纷开始效仿，但是却很难收获预期效果，未能在国际上打出名气，这使得体育赛事如同鸡肋。在正确认识到体育赛事的优缺之后，应该思考的是如何根据城市当前状况，进行建设规划，为迎接赛事创造基础条件，促进两者之间的相互耦合，发挥其最大效益。

（一）政府对体育赛事举办的引导与支持

体育赛事的举办是政府、企业、社会团体等多元主体共同参与的，但政府仍旧是其中的主导力量，并且举办赛事需要政府的引导和支持。政府需要利用行政方式对社会资源进行规划和合理调配，并且政府的工作直接关系着赛事能否顺利申办和成功承办。体育赛事的举办是相当复杂的系统性工程，需要专业、独立组织的管理，政府应当主导该组织的组建，并引导其做好赛事规划。政府各部门应当积极配合赛事的申办和承办，结合赛事要求，相互合作协调，更新基础设施，提供一定的行政支持，为赛事创造出良好的安保条件和环境。

（二）选择与城市特色相匹配的体育赛事

政府不应当盲目申办体育赛事，尤其是国际性赛事，这类赛事通常成本较高，如果只看中其规模和影响力而盲目引进，恐怕难以收获理想效果，反而浪费了大量资源，而应当结合城市特色，如产业结构、发展规划、民族文化等，选择与之相配的体育赛事。重视体育赛事特色与城市形象之间的匹配度，以较为匹配的赛事强化城市形象，从而形成城市品牌。这就需要对城市产业发展趋势做出分析，避免赛事与自身传统活动形成冲突，合理评价自身经济实力和资源，明确体育赛事的规模，避免其超出自身能力，从而发挥资源的最大利用效果。

（三）加强对体育赛事的科学规划

体育赛事由政府主导，其所需的建设资金和配套设施、服务等也都来自财政支出，而其收益却未必能够保证，其中的财政风险不能忽视。政府应当加强对体育赛事的科学规划，评估各类新建工程和设施的成本、可行性等，做好预算编制。与此同时，政府还需要关注赛事的影响力，对其可能在当地经济文化等各领域造成的影响做出分析，评估其风险性，据此采取相应的准备策略和风险控制预案，降低体育赛事的负面影响，而发挥其对当地的带动性。

（四）规范体育赛事的外部性

随着体育赛事与经济、文化、政治等领域的深入融合，体育赛事除需要加强纯粹的体育竞技管理外，还需要进一步面向市场运营，这也是体育赛事的重要发展方向。政府通过宏观控制方式，逐步引导市场深入参与其中，发挥市场对资源的配置作用，同时规范体育赛事的外部性。但是，我国当前的体育赛事运营管理仍旧是政府部门一体承担，市场配置在其中隐形了。尤其大型体育赛事需要大量资源投入，市场供给无法满足，只能由政府作为其供给主体。因此，政府必须要重视体育赛事的外部性因素，推进体育赛事运营管理市场化，解决市场配置失灵问题，弥补政府在微观管理中的不足。政府部门需要对其外部性进行合理评估，并基于此结合其外部性和显性、隐性成本，选择合适的体育赛事，降低外部性干扰。

参考文献

[1] 王建民，于海波，李永瑞:《公共管理新论》，北京，知识产权出版社 2018 年版。

[2] 沈毅:《公共管理前沿问题透视》，长春，吉林人民出版社 2020 年版。

[3] 秦德君:《公共管理的地平线》，上海，上海人民出版社 2018 年版。

[4] 张正军:《公共管理研究 大问题及其理论基础》，西安，陕西科学技术出版社 2021 年版。

[5] 杜宝贵:《公共管理经典理论概要》，沈阳，东北大学出版社 2020 年版。

[6] 傅利平，何兰萍:《公共管理研究方法》，天津，天津大学出版社 2015 年版。

[7] 联合国人居署；刘冰，周玉斌译:《城市基础设施优化》，上海，同济大学出版社 2013 年版。

[8]《中国城市基础设施的建设与发展》，北京，中国建筑工业出版社 1990 年版。.

[9] 李亚峰，马学文，王培:《城市基础设施规划》，北京，机械工业出版社 2014 年版。

[10] 刘剑锋:《城市基础设施水平综合评价的理论与方法研究》，北京，中国建筑工业出版社 2012 年版。

[11] 朱向军:《提升城市教育竞争力》，上海，上海三联书店 2006 年版。

[12] 艾廷隽:《城市教育综合改革理论与实践探索》，沈阳，沈阳出版社 1991 年版。

[13] 胡瑞文，蒋鸣和:《一流城市 一流教育》，上海，上海教育出版社 2002 年版。

[14] 刘合群，彭志斌:《城市化意识教育新理念》，广州，暨南大学出版社 2005 年版。

[15] 杨海燕:《城市化进程中的职业教育发展研究》, 北京, 中国海洋大学出版社 2008 年版。
[16] 邱泉, 谢军:《城市灾害与疾病防控》, 北京, 光明日报出版社 2016 年版。
[17] 王绍玉, 冯百侠:《城市灾害管理》, 北京, 化学工业出版社 2010 年版。
[18] 段华明:《城市灾害社会学》, 北京, 人民出版社 2010 年版。.
[19] 刘承水:《城市灾害应急管理》, 北京, 中国建筑工业出版社 2010 年版。
[20] 樊炳有:《城市体育文化记忆研究》, 苏州, 苏州大学出版社 2017 年版。
[21] 齐书春:《城市体育和谐发展研究》, 西安, 西北工业大学出版社 2015 年版。
[22] 谢劲:《大型体育赛事与城市发展》, 北京, 中国商务出版社 2018 年版。
[23] 邱伟昌:《体育让城市生活更美好》, 哈尔滨, 黑龙江科学技术出版社 2008 年版。
[24] 杨潭赟:《智慧城市建设背景下的智慧教育公共服务研究》,《甘肃科技》, 2022 年第 38(06)期, 第 54-56 页。
[25] 李欣:《城市体育赛事与城市发展的时序演化及耦合研究》,《广州体育学院学报》, 2021 年第 41(04)期, 第 36-40 页。
[26] 吕佳煜:《城市教育竞争力综合发展水平研究》,《数据》, 2021 年第 07 期, 第 70-72 页。
[27] 张峰:《关于城市公共管理的探讨》,《大众标准化》, 2021 年第 07 期, 第 205-207 页。
[28] 史富文:《城市基础设施发展水平评价研究》,《工程经济,2019 年第 29(12)期, 第 64-68 页。
[29] 陈典菊:《新公共管理理论及其借鉴意义》,《现代经济信息》, 2019 年第 04 期, 第 102 页。
[30] 王博:《浅析公共管理的历史发展变迁》,《黑河学院学报》,2018 年第 9(11)期, 第 69-70 页。
[31] 刘忠举:《我国城市体育规划现状、问题与对策》,《西安体育学院学报》, 2017 年第 34(05)期, 第 563-568 页。

[32] 陈正学，谭旭:《学习型城市建设背景下的高职教育服务举措》,《教育与职业》，2016 年第 22 期，第 37-40 页。
[33] 张强，陈元欣，王华燕，杨金娥，姬庆:《我国城市体育服务综合体的发展路径研究》,《成都体育学院学报》，2016 年第 42（04）期，第 21-26 页。
[34] 娄成武，董鹏:《多维视角下的新公共管理》,《中国行政管理》，2016 年第 07 期，第：77-82 页。
[35] 朱思灿:《新公共管理的概念及特点》,《现代营销（下旬刊）》，2016 年第 06 期，第 56 页。
[36] 何颖，李思然:《新公共管理理论方法论评析》,《中国行政管理》，2014 年第 11 期，第 66-72 页。
[37] 刘婷婷:《城市基础设施防灾能力评价及防灾能力提升规划策略》,《规划师》，2014 年第 30（07）期，第 102-108 页。
[38] 王江波，戴慎志，苟爱萍:《试论城市综合防灾规划的困境与出路》,《城市规划》，2012 年第 36（11）期，第 39-44 页。
[39] 郑卫民，任保国，刘德新:《新时期城市社区体育公共服务供给问题探索》,《体育与科学》，2012 年第 33（01）期，第 87-91 页。
[40] 曹萍:《城市基础设施与区域经济发展关系研究》,《中国人口·资源与环境》，2011 年第 21（S2）期，第 451-453 页。
[41] 陈思源:《城市灾害风险与中国城市减灾战略》,《城市发展研究》，2011 年第 18（11）期，第 110-114 页。
[42] 王双:《城市公共管理理论演进、实践发展及其启示》,《现代城市研究》，2011 年第 26（10）期，第 91-96 页。
[43] 徐丽敏:《农民工子女在城市教育过程中的社会融入研究》,《学术论坛》，2010 年第 33（01）期，第 197-201 页。
[44] 周荣义，龚日朝:《我国城市灾害风险应对现状及对策研究》,《中国安全科学学报》，2009 年第 19（11）期，第 139-145 页。
[45] 孙斌，韩传峰:《城市灾害应急管理体制研究》,《自然灾害学报》，2009 年第 18（01）期，第 39-44 页。

[46] 关贤军，徐波，尤建新:《城市灾害风险的基本构成要素》,《灾害学》, 2008年第01）期，第128-131页。

[47] 王明浩，高薇:《重视城市教育服务》,《城市》, 2003年第05期，第6-10页。

[48] 王绍玉:《城市灾害应急管理能力建设》,《城市与减灾》, 2003年第03期，第4-6页。

[49] 罗德刚:《我国公共管理主体的探讨》,《中国行政管理》, 2002年第06期，第16-18页。

[50] 金南顺:《城市公共服务研究》，东北财经大学2006年版。

[51] 张帅:《我国城市体育服务综合体的发展策略探究》，首都体育学院2019年版。

[52] 钟学思《城市基础设施发展对新型城镇化建设的影响研究》，中南财经政法大学2018年版。

[53] 党璇:《城市特色体育文化传承与塑造研究》，广西师范大学2018年版。

[54] 陈文红:《城市基础设施防灾能力评价体系及其应用研究》，首都经济贸易大学2016年版。

[55] 黄丹:《高等教育发展水平与城市竞争力的相关性研究》，浙江师范大学2016年版。

[56] 阮伟:《体育赛事与城市发展关系研究》，北京体育大学2012年版。

[57] 尹占娥:《城市自然灾害风险评估与实证研究》，华东师范大学2009年版。